Maren Kiera-Nöllen

Das Schicksal ist eine Kackbratze

… und das Leben nach Krebs ist auch kein Ponyhof

Impressum:

Verlag: Enno Söker, Marienkamper Straße 1, 26427 Esens, Tel. 04971/9105-0
info@soeker-druck.de
www.soeker-druck.de

Umschlaggestaltung und Grafik: Verlag Enno Söker, Esens
Fotos: PicturePeople GmbH
Herstellung: Satz, Druck und Gesamtherstellung Enno Söker, 26427 Esens
1. Auflage: September 2024

Printed in Germany.

ISBN: 978-3-941163-47-8

Maren Kiera-Nöllen

Das Schicksal ist eine Kackbratze

... und das Leben nach Krebs
ist auch kein Ponyhof

Kurzinfo zum Buch

Ob einmal Krebs oder viermal: Krebs ist unvergleichlich kacke. Nach überstandener Krebserkrankung ist vieles nicht mehr wie vorher, nur spricht halt niemand darüber. Mit diesem Buch ist das anders: Alle Themen des Alltags nach Krebs werden in kurzen Erzählungen, die auf wahren Begebenheiten beruhen, aufgegriffen. Die Namen der beteiligten Personen sowie teilweise das Setting wurden geändert.

Maren Kiera-Nöllen

Jahrgang 1973, ist Rechtsanwältin und Steuerberaterin. Sie lebt mit ihrem Mann im Rheinland. Ihre bisherigen Veröffentlichungen umfassen steuerrechtliche Themen. Mit dem Buch „Das Schicksal ist eine Kackbratze und das Leben nach Krebs ist auch kein Ponyhof" erscheint ein ganz persönlicher Einblick in ihr Leben nach überstandener Krebserkrankung.

Inhaltsverzeichnis

Liebe Leserin, lieber Leser,

wer ist schon cool im Umgang mit Krebs? Nun, ich sicher nicht. Als Krebspatientin hätte ich gerne gewusst, was auf mich zukommt, wenn die Therapie beendet ist und man in das „normale" Leben zurückkehrt. „Normal" ist dann nämlich gar nichts – und hierüber berichte ich in diesem Buch.

Wir kennen uns wahrscheinlich noch nicht. Da ich mit dir Geschichten aus meinem persönlichen Alltag teile, sollte ich mich wohl zuerst vorstellen. Dann hätten wir auch die trockenen Zahlen, Daten, Fakten abgehakt und können uns anschließend den interessanteren Alltagsgeschichten widmen. Ich bin eine normale Frau in den besten Jahren. Okay, ganz normal ist mein Leben sicherlich nicht verlaufen, sonst wäre dieses Buch ja nicht entstanden. Also hier die Kurzfassung meiner Vita:
Ich bin Rechtsanwältin und Steuerberaterin, habe einen Mann, keine Kinder (dazu später mehr) und eigentlich ein echt schönes Leben – wenn nur das Schicksal nicht so eine Kackbratze wäre und immer wieder dazwischenfunken würde. Als das Schicksal seinerzeit die Krebserkrankungen verteilt hat, habe ich wohl aus unerklärlichen Gründen ganz laut „Hier!" gerufen. Nun hatte ich eben vier Krebserkrankungen und lebe zum Glück immer noch.
Kleiner Einschub für die Leser und Leserinnen, die es ganz genau interessiert: Ich hatte als Kind Leukämie, einen Schilddrüsentumor während des Studiums, einen zweiten Schilddrüsentumor während meiner ersten Berufsjahre, und gerade erst Gebärmutterkrebs. Und das, was man so an Behandlungsmethoden kennt, habe ich auch durch: Operationen, Chemotherapie, Strahlentherapie. Mein Status

heute: Unter Beobachtung. Derzeit keine Krebszellen nachweisbar. Ohne Garantie fürs nächste Mal.

In diesem Buch beschreibe ich unter anderem, warum ich fünfmal die gleiche Hose gekauft habe und noch nie einen bad-hair-day hatte. Zudem erkläre ich, warum „Du musst jetzt aber" für mich nicht gilt, und dass ein kaputtes Brillenglas kein Tumor ist. Ich erläutere, dass ich trotz viermal Krebs ein echter Glückskeks bin und ich beschreibe den Zusammenhang zwischen der untersten Treppenstufe und dem Glücklichsein.

Meine verbliebenen Beschwerden schildere ich schonungslos ehrlich, weil dies bislang noch niemand getan hat und Krebs nun mal kein Schnupfen ist. Mein Buch umfasst auch Antworten auf unangemessene Fragen im Alltag und die Erklärung, warum an Krebs gar nichts positiv ist. Ich beschreibe ferner, was das Wäscheabhängen in der Nacht mit dem Einschlafen zu tun hat und gebe zu, dass ich nicht Superwoman bin.

Es geht in meinem Buch insbesondere darum, die Zeit nach Krebs ehrlich zu beschreiben. Mit Kalendersprüchen wie „Lächle und sei froh" kann ich gar nichts anfangen. Der Krebs und seine Folgen lassen sich nicht einfach weglächeln. Ich hab's versucht. Hat aber nicht geklappt.

Mit diesem Buch beschreibe ich kompromisslos offen, wie mein Leben nach Krebs wirklich ist und hierbei lasse ich nichts aus. Ich beschreibe mein Leben mit Lachen, Weinen, Frust und Glück – ungeschönt ohne Kalenderspruch.

Jetzt würde man meinen, der Krebs ist aus dem Körper raus und automatisch hat man das schöne alte Leben wieder zurück. Wenn dem so wäre, wäre das fantastisch, aber das Leben nach Krebs ist auch kein Ponyhof.

Wenn du selbst Krebspatient oder Krebspatientin bist, mag dieses Buch dich vielleicht etwas stützen, da sich unsere All-

tagsgeschichten möglicherweise ähneln. Vielleicht hast du als Krebspatient oder Krebspatientin auch andere Erfahrungen als ich gemacht, was möglich ist, da jeder Mensch und jede Krebserkrankung anders ist. Dennoch können dir meine Erfahrungen vielleicht auch dann in deinem Alltag nützlich sein.
Solltest du einen Krebspatienten kennen, kann dieses Buch dir im Umgang mit ihm helfen. Auch wenn du nichts mit Krebs zu tun hast, bist du herzlich eingeladen, in meine Welt einzutauchen.

Meine Alltagsgeschichten enden immer mit einem für mich wichtigen Impuls für mein Leben, der mich weitergebracht hat und den ich gerne mit dir teile. Vielleicht schmunzelst du bei der einen Geschichte, und bei einer anderen Geschichte kommst du ins Grübeln. Das ist völlig in Ordnung und von mir absolut beabsichtigt. Die Reihenfolge der Kapitel ist nicht zwingend. Du kannst auch gerne zwischen den Kapiteln hin und her springen.

Ich wünsche dir eine gute Zeit beim Lesen meiner Alltagsgeschichten aus dem Leben nach Krebs.

Deine Maren

Was machst du denn für Sachen?

(Freiwillig hab' ich den Krebs sicherlich nicht genommen.)

„Schön, dass du wieder da bist!", war die häufigste und schönste Begrüßung von meinen Kollegen, als ich nach vielen Wochen der krankheitsbedingten Abwesenheit das erste Mal wieder im Büro war. Natürlich blieb es nicht nur bei dieser wirklich netten Begrüßung, sondern ich wurde in den ersten Tagen öfter gefragt, warum ich so lange nicht im Büro war. Und wenn ich dann erzählt habe, dass ich Krebs hatte und deswegen so viele Wochen nicht da war, haben die Kollegen ganz unterschiedlich reagiert. Einigen sind Tränen in die Augen geschossen, andere waren einfach nur geschockt oder haben mich bemitleidet und wieder andere haben schnell das Thema gewechselt.

All diese Reaktionen sind für mich völlig in Ordnung und ich kann jede einzelne verstehen. Als feststand, dass ich (das erste, zweite, dritte, vierte Mal) Krebs hatte, war auch ich jedes Mal schockiert, habe mich bemitleidet und ich habe viele Tränen geheult. Wenn Kollegen genauso reagieren, ist das also für mich nachvollziehbar. Auch in den Fällen, in denen die Kollegen schnell das Thema gewechselt und meine Krebserkrankung ignoriert haben, habe ich das verstanden, denn ich hätte den Krebs ja auch am liebsten wegignoriert. Ging aber natürlich für mich nicht.

Auch meinem Kollegen Till (alle Namen im Buch sind geändert) habe ich erklärt, dass ich die vielen Wochen wegen Krebs nicht im Büro war. Und daraufhin sagte Till: „Was machst du denn für Sachen?" Till meinte das sicher nicht böse und ich bin auch nicht nachtragend. Dennoch empfand ich diese im Alltag durchaus geläufige Frage als total daneben. Die Frage „Was machst du denn für Sachen?" kenne ich als Tadeln und Entrüstung über irgendein schusseliges

Verhalten des Adressaten. Was bitte, habe ich denn Schusseliges gemacht, um den Krebs zu bekommen? Da muss ich aber schon extrem schusselig gewesen sein, dass es mich gleich viermal getroffen hat.

Irgendwie schwingt in der Frage „Was machst du denn für Sachen?“ eine Art von vorgeworfenem Selbstverschulden mit. Das finde ich ziemlich unverschämt. Kein Krebspatient hat seine Krankheit ausschließlich durch eigenes Handeln selbst verursacht. Aus meiner Sicht ist Krebs einfach echtes Lebenspech! Oder treffender: Das Schicksal ist eine Kackbratze!
Klar gibt es Dinge, die für die Gesundheit nicht gerade förderlich sind und die Krebs begünstigen können. Beispielsweise sind mangelnde Bewegung, Übergewicht, Rauchen, Stress, Sonnenbrand und was weiß ich noch alles eher nicht gesund. Hierüber gibt es genug Bücher, die in Buchhandlungen ganze Regalreihen füllen. Ich habe einige davon gelesen und letztlich standen in den von mir gelesenen Büchern immer nur Tipps, was man tun kann, um den Krebs nicht zu begünstigen, nicht aber, was man tun kann, um den Krebs sicher (!) zu verhindern. Die Garantie „Tue dies, dann bekommst du garantiert keinen Krebs“ gibt keiner. Es existiert halt kein sicheres Krebsvermeidungsverhalten.
Das bedeutet, dass auch jemand, der stressfrei, sportlich, glücklich und normalgewichtig ist und sich auch sonst gesund verhält, Krebs bekommen kann. Man kann also nicht durch sein Handeln Krebs mit Sicherheit vermeiden. Glaub' mir, wenn ich Krebs hätte vermeiden können, hätte ich das gemacht! Ganz sicher!

Letztlich weiß doch auch jeder, dass man Krebs nicht durch irgendein bestimmtes Verhalten sicher vermeiden kann. Ich

konnte mir daher auch nicht vorstellen, dass Till mich mit „Was machst du denn für Sachen?“ wirklich auf irgendein schusseliges, krebsverursachendes Fehlverhalten aufmerksam machen wollte. Da Krebs nun mal kein Thema ist, über das man gerne spricht, bin ich damals einfach davon ausgegangen, dass Till im Umgang mit mir schlichtweg unsicher war. Übel nehme ich ihm das nicht, denn wer ist schon cool im Umgang mit Krebs? Ich mit Sicherheit nicht.
Neugierig war ich allerdings schon, warum Till das so gesagt hatte, da er normalerweise nicht flapsig ist. Bei Gelegenheit habe ich Till daher später einmal auf diese Situation mit seiner Frage „Was machst du denn für Sachen?“ angesprochen und ihm gegenüber vermutet, dass er möglicherweise etwas unsicher im Umgang mit mir war.
Er schaute mich an, grinste über beide Ohren, zwinkerte mir zu und sagte: „Unsicher? Ich doch nicht. Ich bin doch ein Mann!“ Dann sind wir in die nächste Eisdiele gegangen, haben uns auf die Außenterrasse gesetzt und Till hat darauf bestanden, dass er mir den größten Eisbecher spendiert, den ich je gesehen hatte. Cool, oder?

Impuls für mein Leben:
Niemand ist cool, wenn es um Krebs geht.

Wieso hast du das noch nie erzählt?

(Weil ich nicht wollte.)

„Wieso hast du das noch nie erzählt?“, fragte mich meine Freundin Judith, als ich ihr nach vielen Jahren der Freundschaft erzählte, dass ich nun Krebs habe und dass dies leider nicht das erste, sondern das vierte Mal ist. Tatsächlich hatte ich weder im Büro noch im Freundeskreis jemals irgendjemand von meinen drei ersten Krebserkrankungen erzählt. Hierfür gab es viele Gründe.

Der für mich wichtigste Grund war, dass ich mich beruflich nicht einschränken lassen wollte. Ich wollte als Rechtsanwältin und Steuerberaterin unbedingt Partnerin in einer renommierten Kanzlei werden. Das war mein beruflicher Lebenstraum, den ich auch erreicht habe. Dieses Ziel wollte ich mir nicht verderben durch die Information im Büro, dass ich schon mal Krebs hatte. Es war ja schließlich schon schwer genug, auch ohne Krebsvorerkrankung überhaupt Partnerin zu werden.
Also habe ich wegen der Karriere nie etwas im Büro über meine Vorerkrankungen gesagt. Auch nicht als die dritte Krebserkrankung während meines Berufslebens auftrat und ich wieder eine Operation und eine kurze Strahlentherapie machen musste. Ich habe einen längeren Urlaub genommen, was zeitlich genau passte und nicht weiter aufgefallen ist. Nach der Strahlentherapie bin ich sofort wieder ins Büro gegangen. Es hat viel Kraft gekostet, sofort wieder beruflich Vollgas zu geben und zugleich das dritte Mal Krebs noch irgendwie körperlich und seelisch zu verarbeiten. Einfach war das nicht, aber es war meine bewusste Entscheidung und ich habe die Partnerschaft trotz dreimal Krebs erreicht. Kleiner Funfact am Rande: Heute arbeite ich nicht mehr als

Partnerin. Nach etwa fünf Jahren der Partnerschaft habe ich gemerkt, dass ich nicht bis zur Rente 24/7 arbeiten möchte. Daher habe ich bereits lange vor meiner letzten Krebserkrankung die Partnerschaft beendet, die Kanzlei gewechselt und arbeite seither als angestellte Führungskraft. Partnerin zu sein ist insbesondere wegen der Vergütung und des Prestiges toll, aber ich habe gemerkt, dass ich was anderes im Leben will.
Die vierte Krebserkrankung konnte ich dann im Büro nicht mehr mit Urlaub vertuschen und habe mich dazu entschieden, im Büro nicht nur zu sagen, dass ich Krebs hatte, sondern auch welche Art von Krebs. Ich wusste, dass ich das nicht muss, aber ich dachte, wenn ich schon sage, dass ich eine sehr ernstzunehmende Krankheit hatte, dann soll das Büro auch wissen, dass es Gebärmutterkrebs war. Dass Gebärmutterkrebs nicht meine erste Krebserkrankung war, weiß dort bisher niemand. Nun, mit diesem Buch ist es raus und es ist in Ordnung.
Einfach war es nicht, im Büro zu sagen, dass man länger wegen Krebs krank war. Noch mehr Überwindung hat es mich gekostet, den Schwerbehindertenausweis im Büro vorzulegen. Bisher war ich im Büro ein „high-performer" und irgendwie klang „high-performer mit Schwerbehindertenausweis" merkwürdig. Ich weiß, ich hätte den Ausweis nicht vorlegen müssen, aber irgendwie fand ich, dass das dazugehört, wenn ich schon die Hosen runterlasse und sage, dass ich an Krebs erkrankt war. Außerdem schützt der Status mich natürlich auch, und den Extra-Urlaub wegen Schwerbehinderung bekommt man ja auch nur, weil das Leben nach Krebs kein Ponyhof ist.

Über viele Jahre hinweg habe ich meinen Freunden und Freundinnen nichts über meine Vorerkrankungen gesagt.

Ich hielt es für besser, unsere Freundschaft nicht mit dem bösen Wort „Krebs" zu belasten. Klar gehört zur Freundschaft auch die Schattenseite des Lebens dazu, ich wollte aber einfach nichts sagen. Die vierte Krebserkrankung habe ich dann im Freundeskreis offen kommuniziert und auch gleich die drei vorherigen Erkrankungen gebeichtet. Auf die Frage meiner Freundin Judith: „Wieso hast du das noch nie erzählt?", gab es nur eine ehrliche Antwort: „Weil ich nicht wollte." Und wie das bei echten Freundinnen ist, hat sie das einfach so akzeptiert.

Der Umgang mit meiner Erkrankung war gut, so wie er war. Das Verschweigen war seinerzeit richtig, weil ich sonst meine beruflichen Ziele nie erreicht hätte und das Offenlegen nun ist auch gut, weil es sich heute richtig anfühlt. Und wenn ich mutig bin, lege ich sogar meinen Schwerbehindertenausweis beim nächsten Kinobesuch an der Kasse vor.

Impuls für mein Leben:
Alles hat seine Zeit.

Du bist doch wieder gesund!

(Ähm, und wieso fühlt sich das nicht so an?)

Irgendwann habe ich mal gegenüber meiner Bekannten Esther gesagt, dass ich als Krebspatientin nun regelmäßig ärztlich kontrolliert werde. Daraufhin hat sie gesagt: „Wieso bezeichnest du dich als Krebspatientin? Du bist doch wieder gesund!“ Am liebsten hätte ich ihr gesagt: „Tickst du noch ganz sauber?“ Gesagt habe ich das natürlich nicht, weil es mir unfair vorgekommen wäre. Vor meinem Gespräch mit Esther hatte ich mir noch keine Gedanken darüber gemacht, ob ich jetzt noch krank oder schon gesund bin. Eines war mir aber schon sofort nach der Äußerung von Esther klar: „Wieder gesund“ schien mir irgendwie nicht richtig zu sein. Funfact am Rande: Die WHO (World Health Organisation / Weltgesundheitsorganisation) definiert den Begriff Gesundheit wie folgt: „Gesundheit ist ein Zustand des vollständigen körperlichen, geistigen und sozialen Wohlergehens und nicht nur das Fehlen von Krankheit oder Gebrechen.“ [Präambel der Verfassung der WHO, Stand Juli 2020]. Wenn man danach geht, dann kenne ich keinen einzigen gesunden Menschen, denn irgendwie hat doch keiner einen Zustand des vollständigen körperlichen, geistigen und sozialen Wohlergehens. Irgendwas hat doch jeder, oder? Für dieses Buch verzichte ich daher auf jegliche wissenschaftliche Auseinandersetzung mit dem Begriff „gesund“ und verwende ihn ausschließlich im umgangssprachlichen Sinn.

Nach der Äußerung von Esther sehe ich jedenfalls äußerlich offensichtlich gesund aus, sonst hätte Esther ja nicht gesagt, dass ich wieder gesund sei. Gesund auszusehen finde ich auch echt prima, denn „gesund auszusehen“ ist in meinem Alter mit jetzt Fünfzig so, wie „schön zu sein“ mit Zwanzig.

Nicht, dass du mich falsch verstehst, gutes Aussehen ist für mich nicht das Wichtigste. Wenn Aussehen für mich das Wichtigste wäre, wäre das auch richtig blöd, denn eine echte Schönheit war ich noch nie. Aber wenn ich gesund auf Esther wirke, finde ich das schon super.
Das Aussehen sagt jedoch nichts über die Gesundheit aus. Klar kann man einige Krankheiten am Äußeren einer Person erkennen. Allerdings gilt dies nicht umgekehrt: Bloß, weil man gesund aussieht, heißt das ja noch lange nicht, dass man auch gesund ist. Ob ich nach medizinischen Grundsätzen und/oder nach der WHO als gesund gelte oder nicht, weiß ich gar nicht und es ist mir auch ziemlich wumpe. Für mich ist wichtig, wie ich mich fühle.
Vor der letzten Krankheit habe ich mich pudelgesund gefühlt. Und jetzt fühle ich mich anders. Ich sehe nicht nur anders aus, sondern habe jetzt auch die körperlichen Folgen der letzten Krebsoperation an der Backe (siehe dazu Kapitel „Darüber spricht man nicht"). Mittlerweile habe ich für mich herausgefunden, wie ich mit den Folgen klarkommen kann, aber so wie vor der Erkrankung fühle ich mich eben nicht mehr. Ich fühle mich anders. Also bin ich wohl noch nicht wieder gesund.
Aber krank fühle ich mich auch nicht – da gab es schon viel schlimmere Zeiten, in denen ich echt krank war und die ich wirklich nicht mehr zurückhaben will. Irgendwie bin ich jetzt halt anders gesund. Der Begriff „anders gesund" gefällt mir, denn danach ist man nicht mehr krank aber eben auch nicht wieder gesund wie früher. Eben anders gesund.
Anders gesund und trotzdem Krebspatientin schließen sich für mich nicht aus. Solange ich mehrfach im Jahr zur ärztlichen Kontrolle muss, finde ich, bin ich eine Krebspatientin. Nicht-Krebspatienten gehen vielleicht einmal im Jahr zur Routinekontrolle und solange ich häufiger hingehen muss,

bin ich eben Krebspatientin. Wenn ich mich als Krebspatientin bezeichne, heißt das ja nicht, dass ich vorhabe, morgen zu sterben. Sterben muss ich wie jeder Mensch, und ein guter Tag zum Sterben wird irgendwann sein, wenn ich richtig alt bin. Vielleicht sollte ich das kurz näher definieren. Denn aus Sicht eines Kindes bin ich ja schon richtig alt. Also anders formuliert: Ein guter Tag zum Sterben ist ein Tag in sehr weiter Zukunft. Zusammengefasst heißt das also, dass ich eine anders gesunde Krebspatientin bin.

Als Esther sagte: „Wieso bezeichnest du dich als Krebspatientin? Du bist doch wieder gesund!“ habe ich übrigens damals geantwortet: „Ähm, und wieso fühlt sich das nicht so an?“ Heute würde ich anders antworten mit: „Es freut mich echt, dass ich auf dich wieder gesund wirke. Ich fühle mich auch nicht krank, sondern eher gesund, aber anders gesund als vorher. Als Krebspatientin sehe ich mich trotzdem, da ich mehr Zeit bei ärztlichen Kontrollterminen verbringe, als beim Frisör.“ Ich habe Esther dieses Kapitel vorab zum Lesen gegeben, da ich ja schließlich eine Äußerung von ihr aufgreife. Nach dem Lesen dieses Kapitels hat sie gelacht und gesagt: „Anders gesunde Krebspatientin? Das passt!“

Impuls für mein Leben:
Anders gesund geht auch.

Erinnern Sie sich denn überhaupt noch an die Leukämie?

(An einiges und das ist nicht schön.)

Obwohl ich die Leukämie als Kind hatte, erinnere ich mich noch heute an bestimmte Situationen, Gefühle und Gerüche aus dieser Zeit. Das Gehirn ist wirklich erstaunlich, dass es Dinge behält, die mehr als 40 Jahre zurückliegen. Es scheinen für mein Gehirn relevante Dinge zu sein, sonst hätte es sich diese wohl nicht gemerkt.
Für mich lösen die Erinnerungen an diese Zeit eher ein beklemmendes Gefühl aus. Ich erinnere mich lieber an schöne Dinge, zu denen die Leukämie sicherlich nicht gehört. Voll der Horror! Aber es hilft ja nichts, die Leukämie war da und hat seither mein Leben und meine Erinnerungen begleitet.

Wenn ich bei einem neuen Arzt oder einer neuen Ärztin bin, der/die mich noch nicht kennt, werde ich immer zuerst nach meinen Vorerkrankungen gefragt. Ich schildere dann alles in chronologischer Reihenfolge. Wiederholt ist es da schon vorgekommen, dass der Arzt oder die Ärztin gesagt hat: „Na, die Leukämie ist aber schon lange her. Erinnern Sie sich denn überhaupt noch an die Leukämie?"
Manchmal habe ich dann das Gefühl, dass der Arzt oder die Ärztin die Leukämie mit dieser Frage irgendwie herunterspielt, so als wäre es nicht geschehen, bloß weil es schon lange her ist. Aber auch wenn die Leukämie nun schon über 40 Jahre her ist und als ausgeheilt gilt, ist sie ja dennoch da gewesen und meine Erinnerungen zeigen, dass die Leukämie bleibenden Eindruck hinterlassen hat.
Auf die Frage der Ärzte, ob ich mich erinnere, antworte ich meist mit: „Ja, ich erinnere mich an einzelne Dinge aus dieser Zeit." Und bislang hat noch kein Arzt weiter nach-

gefragt. Als ich meiner Freundin Anna mal davon erzählt habe, wollte sie sofort wissen: „Magst du erzählen, an was du dich noch erinnerst? Wenn du nicht magst, ist das aber auch okay. Es würde mich halt einfach interessieren."
Die Art, wie Anna das gefragt hat, fand ich richtig toll. Sie hat ein feines Gespür für besondere Themen. Und die Erinnerungen an die Leukämie gehören mit Sicherheit dazu.

Die nachhaltigste Erinnerung ist sicherlich der Umstand, dass ich durch die Chemotherapie meine Haare verloren habe. Vorher hatte ich dicke blonde Locken; durch die Chemotherapie sind mir diese Haare alle ausgefallen. Ich hatte eine Glatze. Auch wenn ich noch ein Kind war, werde ich nie diese Blicke der Erwachsenen vergessen, wenn ich mit Glatze oder Tuch auf dem Kopf draußen war.
Nach der Chemotherapie sind die Haare glücklicherweise zurückgekommen, nur die Locken nicht und auch die blonde Haarfarbe nicht. Heute habe ich dünne Fusselhaare in der Farbe Dackelbraun. Immerhin, es sind wieder Haare. Noch heute hat meine damalige Glatze Auswirkungen, denn ich gehe NIE NIE NIE mit ungewaschenen Haaren aus dem Haus. Einen sogenannten bad-hair-day, an dem andere Menschen mit ungewaschenen Haaren und Mütze aus dem Haus gehen, kenne ich nicht. Eher friert die Hölle ein, als dass ich mit ungepflegten Haaren vor die Tür gehe. Nein, auch nicht zum Müllrausbringen. Im Studium hatte ich wirklich kaum Kohle, aber zum Frisör bin ich immer gegangen. Die Glatze hat bei mir offensichtlich einen kleinen Haar-Spleen hinterlassen.
Das mit der Glatze ist für mich so wesentlich, dass ich regelmäßig Tränen in die Augen bekomme, wenn ich jemanden auf der Straße sehe, der offensichtlich gerade eine Chemotherapie macht. Dass ich nah am Wasser gebaut

habe, ist ja bekannt (siehe dazu Kapitel „Weinst du?“) und wenn ich einen Chemopatienten sehe, laufen die Tränen einfach so mein Gesicht runter. Egal, ob ich im Auto sitze oder an der Supermarktkasse stehe.
Am liebsten würde ich die Person dann umarmen, weil ich denke, dass sie ganz viel Umarmung brauchen könnte. Natürlich tue ich das nicht, denn das wäre ja wirklich sehr übergriffig, und eine Umarmung von mir macht die Chemotherapie auch nicht leichter erträglich.

An das ständige Kotzen kann ich mich auch noch gut erinnern. An meinem Krankenhausbett standen dauerhaft Nierenschalen, in die ich reinkotzen konnte. Sicher, das Wort „kotzen“ kann man bestimmt auch vornehmer ausdrücken, nur finde ich, dass „kotzen“ für diesen Vorgang einfach am besten passt. Ich habe so viel gekotzt, dass mir heute bereits schlecht wird, wenn ich nur eine Nierenschale sehe (das sind diese Blechdinger in Nierenform aus dem Krankenhaus).
Auch das Gefühl beim Kotzen im Krankenhaus werde ich nie vergessen. Wenn ich mich heute zum Beispiel bei Magen-Darm mal übergeben muss (ich kann schon auch vornehm), ist das Gefühl aus dem Krankenhaus sofort wieder da. Einzelheiten erspare ich euch an dieser Stelle.
Die meisten von euch werden ja sicherlich wissen, wie es sich anfühlt, wenn man kotzt aber nichts mehr da ist, was rauskommen könnte. So war das im Krankenhaus während der Leukämie sehr oft. Im wahrsten Sinne des Wortes: Die Leukämie war zum Kotzen.
Ich weiß nicht, ob es am Krankenhausaufenthalt oder an der Chemotherapie oder an was anderem lag, aber ich hatte schlichtweg das Laufen verlernt. Ich erinnere mich noch daran, wie ich mich am Schrank festgehalten habe und

mein Opa mir Mut gemacht hat, einen Schritt vor den nächsten zu setzen. Das mit dem Laufen war auch nach der letzten Operation ein Thema (siehe dazu Kapitel „Da kannst du aber froh sein, …"), aber das war längst nicht so schlimm wie während der Leukämie.
Vielleicht ist die Erfahrung mit dem Laufen auch ein Grund dafür, dass ich spazieren gehen echt mag. Spazierengehen – so was völlig Unspektakuläres, eine Tätigkeit, die niemand bei social media postet, da sie viel zu langweilig ist. Nun, ich mag Spazierengehen.

Dann erinnere ich mich noch an ein sehr krasses Erlebnis, das ich während der Leukämie hatte – mal abgesehen von Moritz (siehe dazu Kapitel „Bist du glücklich?").
Meine Untersuchungen im Krankenhaus fanden überwiegend im selben Arztzimmer statt. Die Untersuchungsliege stand immer an der Wand und es wurde von den Ärzten nie irgendein Tamtam um die jeweilige Untersuchung gemacht. An diesem Tag war das aber anders. Die Untersuchungsliege stand mitten im Raum und es herrschte eine komische Atmosphäre. Es waren mehr Ärzte als sonst im Raum und alle wirkten auf merkwürdige Weise angespannt. Noch heute weiß ich ganz genau, dass ich sofort gemerkt habe, dass irgendwas vor sich geht. Ich habe nicht verstanden, warum die Ärzte nicht wie sonst locker mit mir umgehen.
Nun, ich mache es kurz: Ich sollte mich auf die Liege setzen, nach vorne beugen und dann hat man mir Rückenmark entnommen. An die konkreten Schmerzen kann ich mich nicht mehr erinnern, aber was ich weiß, ist, dass es höllisch wehgetan hat. Ich war ein sehr tapferes Mädchen und habe die Therapien und Behandlungen bis dahin ausgehalten, aber bei dieser Untersuchung habe ich das erste Mal seit Beginn der Therapie richtig laut geschrien. Um die Unter-

suchung zu ermöglichen, haben mich die Ärzte rechts und links schraubstockartig festgehalten. Der totale Horror! Ich weiß nicht, ob man das heutzutage auch noch so machen würde …
Und nein, ich bin niemandem böse. Im Gegenteil: Damals lag meine Überlebenswahrscheinlichkeit bei unter 30 Prozent und ich habe es mit Hilfe all dieser Ärzte geschafft, dennoch zu überleben. Ich bin den Ärzten daher dankbar, nicht böse. Außerdem bin ich sicher, dass diese Untersuchung auch für die Ärzte kein schönes Erlebnis war.

Andere Erinnerungen an die Zeit der Leukämie sind weniger dramatisch. Ich erinnere mich zum Beispiel noch gut daran, dass alle Ärzte und Besucher mich nur mit Maske besuchen durften (siehe dazu Kapitel „Mama, warum trägt die Frau eine Maske?“). Oder an den Geruch im Krankenhaus, der sich in all den Jahren nicht verändert hat und den ich immer noch nicht gut aushalten kann.
Und an das ständige Blutabnehmen und die vielen Infusionen erinnere ich mich auch. Natürlich nicht an jede einzelne. Aber dass ich ständig gepikst wurde, daran erinnere ich mich schon. Und dass irgendwann keine Stelle mehr da war, wo man noch einen Zugang legen oder Blut abnehmen konnte, daran erinnere ich mich auch. Man ist dann auf den Kopf und den Fuß ausgewichen. Angenehm ist was anderes.
Auch heute noch ist es schwer, an meine Venen ranzukommen, weil die einfach zu oft malträtiert wurden. Bei der letzten Blutabnahme vor ein paar Tagen hat die Fachkraft sechs Versuche gebraucht, um endlich eine Vene zu treffen. In den letzten zehn Jahren war das Rekord und ich hätte nichts dagegen, wenn sich das nicht wiederholt. Auch wenn ich es schon unzählige Male mitgemacht habe, schaue ich

beim Blutabnehmen immer noch nicht hin, lasse den Schmerz des Nadelrumstocherns über mich ergehen und hoffe, dass es bald vorbei ist.
Wenn dann das Blutergebnis per Brief kommt und nichts Schlimmes festgestellt wurde, ist die Erleichterung groß. Auch wenn die Leukämie schon so lange her ist, die Anspannung vor dem Blutergebnis ist immer noch da.

Einmal hat die Leukämie sogar auf dem Spielplatz eine Rolle gespielt. Und das kam so: Es war ein sonniger Sommertag; einige meiner Mitschüler aus der Grundschule und ich spielten auf dem Spielplatz. Axel, ein Klassenkamerad, erzählte uns brühwarm von seiner „schweren Verletzung". Er hat uns dann seine Mini-Schramme am Arm gezeigt. Ehrlich, das war gar nichts. Ein bisschen Haut war abgeschürft. Sonst nichts. Lächerlich.
Hätte ich damals schon gewusst, dass einige Männer dazu neigen, ihre Wehwehchen aufzubauschen (ich sage nur: Männergrippe), dann hätte ich vielleicht anders reagiert. Damals kannte ich noch nicht das Phänomen, dass die Krankheiten bei einigen Männern immer schlimmer sind als bei Frauen, weshalb ich von Axel einfach nur genervt war. Er hörte und hörte nicht auf zu prahlen, wie schlimm es ihn erwischt hätte. Irgendwann hat es mir gereicht und ich habe gesagt: „Das ist doch gar nichts. Ich hatte mal eine Leukämie und bin fast gestorben." Dann war Ruhe.
Wir sind noch einige Zeit auf dem Spielplatz geblieben und abends zum Abendbrot jeweils nach Hause gegangen. Während meine Familie und ich beim Abendbrot saßen, hat die Mutter von Axel angerufen und mein Vater ging ans Telefon. Axels Mutter hat meinem Vater erklärt, dass mein Verhalten unmöglich sei, weil ich erzählt hätte, mal Leukämie gehabt zu haben. Damit mache man doch keinen Spaß und mein

Vater solle dafür sorgen, dass ich keine Lügengeschichten erzähle.
Was mein Vater ihr geantwortet hat, weiß ich nicht. Aber es muss gewirkt haben, denn die Mutter von Axel hat weder meine Eltern noch mich irgendwann nochmal blöd angemacht. Eine simple Frage, ob das mit der Leukämie stimmt, wäre geschickter gewesen. Oder Axels Mutter hätte mir einfach geglaubt und sich mit mir gefreut, dass ich zu der 30-prozentigen Überlebensquote gehöre.

Dass die Leukämie nie so ganz aus den Gedanken raus geht, habe ich erlebt, als ich in der 6. Klasse war und am 23. Dezember von einer Freundin nach Hause kam. Ich hatte einen blauen Hals, aber keine Beschwerden. Als sich das Blau weder mit Wasser noch mit Seife noch mit der stinkenden Flüssigkeit aus dem Werkzeugkeller meines Vaters entfernen ließ, sind meine Eltern dann doch etwas nervös geworden.
Wir sind mit wehenden Fahnen zum ärztlichen Notdienst gefahren, wo man dann auch einigermaßen panisch war. Man drückte, rubbelte und quetschte an meinem blauen Hals, aber nichts tat sich. Dann nahm die Ärztin eine andere stinkende Flüssigkeit und ups! ging das Blau ab.
Detektivische Recherchen ergaben, dass das Blau von meinem neuen Schal stammte. Es war ein dünner, blauer Schal mit indischen Ornamenten und einigen silbernen Fäden, den ich kurz zuvor an einem Marktstand gekauft und an diesem Tag das erste Mal angezogen hatte.
Ich weiß noch, dass ich mich vor der Ärztin voll geschämt habe. Meiner Mutter ging es wohl auch so, denn sie hat sich vielmals bei der Ärztin entschuldigt. Die Ärztin war cool und ich weiß noch, dass sie gesagt hat: „Machen Sie sich keine Gedanken. Bei der Vorgeschichte ist das völlig ver-

ständlich.“ Da sieht man, dass eine Leukämie, selbst wenn sie länger her ist, sich sogar auf einen harmlosen blauen Schal auswirkt.
Die Leukämie ist nun schon wirklich lange her, aber auch diese lange Zeit macht sie nicht ungeschehen. Mit Ausnahme des Haar-Spleens hat die Leukämie auf meinen Alltag kaum Auswirkungen. Dennoch ist die Erinnerung da – auch nach über 40 Jahren.
Das geht meinen Eltern übrigens nach all der Zeit genauso. Sie haben mich das nie spüren lassen, aber die Zeit mit meiner Leukämie war für sie unvorstellbar schwer und wird immer ein Teil auch ihrer Lebensgeschichte sein. Klar waren auch meine späteren Erkrankungen für meine Eltern belastend, aber die Leukämie war für sie prägend. Trotz der Leukämie haben meine Eltern nie aufgegeben, mich zu bestärken und mir Mut zu machen, dass ich dennoch alles im Leben erreichen kann. Und das habe ich ja auch.

Natürlich erinnere ich mich auch an Dinge, die mir während der jeweiligen Therapien wegen der beiden Schilddrüsentumore und wegen des Gebärmutterkrebses widerfahren sind. In der jeweiligen Strahlentherapie wegen der Schilddrüsentumore musste ich zum Beispiel eine radioaktive Tablette schlucken. Alle Ärzte und Pfleger haben den Raum verlassen und ich musste alleine eine kleine Bleikapsel öffnen, in der die Tablette lag. Die Kapsel war so eine Art Castor-Behälter, nur eben viel kleiner. Das Gefühl, diese radioaktive Tablette zu schlucken, um zu überleben, werde ich nie vergessen. Ich habe das mehrfach machen müssen. Auch die anschließende Isolierung im Krankenhaus empfand ich wie Knast, nur dass ich kein Verbrechen begangen hatte, sondern einfach nur überleben wollte. Meine Freunde hatten Semesterferien (erster Schilddrüsentumor) oder

Urlaub (zweiter Schilddrüsentumor) und ich machte die Strahlentherapie. Nee, super. Obwohl auch dies alles schon echt lange her ist, bleiben bestimmte Eindrücke einfach hängen.

Das gilt auch für die letzte Krebserkrankung. Die Schmerzen unmittelbar nach der Operation wegen Gebärmutterkrebs sind noch immer sehr präsent. Es hat sich tagelang so angefühlt, als wenn ein Lkw auf meinem Bauch parkt. Ein Lkw mit Dauerparkplatz auf meinem Bauch. Aua!! Nach meiner Erfahrung wird die Erinnerung zumindest an diese konkreten Schmerzen aber mit der Zeit nachlassen, was ein prima Mechanismus des Gedächtnisses ist.

Im Vergleich zur Leukämie war aber alles, was danach kam, Kindergarten. Nur dass es sich halt nicht wie Kindergarten angefühlt hat. Obwohl die blöden Erinnerungen im Laufe der Zeit verblassen, manche bleiben wohl ein Leben lang.

Impuls für mein Leben:
Etwas, das lange her ist, ist noch lange nicht weg.

Wie geht es dir?

(Kannst du eine ehrliche Antwort verkraften?)

In der ersten Schulstunde Englisch in der 5. Klasse haben wir folgende Konversation gelernt: Frage: „How are you?" („Wie geht es dir/ihnen?"). Antwort: „I'm fine, thank you. How are you?" („Mir geht es gut, danke. Wie geht es dir/ihnen?"). Es wurde weder in dieser ersten Schulstunde noch später eine Alternative zur Antwort „I'm fine, thank you" unterrichtet.
Denkbar wären ja auch Antworten gewesen wie „Today is a great day, I feel fantastic" („Heute ist ein toller Tag, ich fühle mich fantastisch"). Oder eben auch „I feel very tired, because I couldn't sleep last night" („Ich bin sehr müde, weil ich letzte Nacht nicht schlafen konnte"). Oder „I'm not feeling well today" („Heute fühle ich mich nicht gut"). Oder „Unfortunately I feel very bad since I have a serious disease" (Leider geht es mir nicht gut, weil ich eine ernstzunehmende Krankheit habe").
Diejenigen Leser und Leserinnen unter euch, die schon einmal im angelsächsischen Raum unterwegs waren, werden jetzt wahrscheinlich schmunzeln. Denn die von mir vorstehend beschriebenen Alternativantworten sind in der Praxis einfach undenkbar. In der englischen Sprache scheint es auf die Frage „How are you?" eben nur eine Antwort zu geben, nämlich „I'm fine, thank you" oder inhaltsgleiche Antworten wie zum Beispiel „Doing well" oder Ähnliches.
Dies hat sich für mich auch während eines einjährigen Aufenthaltes in den USA bestätigt. Ich war während der Schulzeit ein Jahr als Austauschschülerin in Kalifornien und dort hat man auf die Frage, wie es einem geht, ohne Ausnahme immer mit „gut" geantwortet. Ich habe noch nie erlebt, dass dort jemand gesagt hat, dass es ihm gerade schlecht geht.

Nun mag das daran liegen, dass es in Kalifornien niemanden gibt, dem es schlecht geht. Das halte ich aber für ausgeschlossen.
Aus meiner Sicht ist die Frage nach dem Befinden des Gegenübers und dessen Standardantwort „gut" ein reines Phrasengelaber. Mir erschließt sich auch der Sinn davon nicht. Möglicherweise soll das Phrasengelaber auch einfach nur den Einstieg in ein Gespräch ermöglichen, also quasi Begrüßungsphrasengelaber.
Nun, ich brauche keine hohlen Phrasen, um ein Gespräch zu beginnen und kann auf Phrasengelaber daher gut verzichten. Wenn ich jemanden frage, wie es ihm geht, meine ich das ernst und möchte schon, dass derjenige mit mir ehrlich ist. Es sei denn, er möchte mir aus welchen Gründen auch immer nicht mitteilen, wie es ihm gerade geht. Wenn er dann einfach „gut" antwortet, ist das für mich natürlich auch okay.

Obwohl ich mit Phrasen nicht viel anfangen kann, mache ich das Phrasengelaber in den USA mit, weil es irgendwie zur dortigen Kultur gehört und ich mir keinen Zacken aus der Krone breche, wenn ich mich an deren Gepflogenheiten halte.
So sind mein Mann und ich während einer Rundreise in den USA mal bei einem Zwischenstopp in ein Restaurant gegangen und die Bedienung fragte dort erwartungsgemäß in einem sehr freudig-schwungvollen Ton: „Welcome. Glad to have you here. How are you doing?" Ich antwortete erwartungsgemäß in einem ebenfalls sehr freudig-schwungvollen Ton: „Thanks, we are doing very well. How are you?" Die Bedienung antwortete wenig überraschend: „I'm fine thank you." Als sie unsere Bestellung aufgenommen und sich von unserem Tisch entfernt hatte, fragte mich mein Mann: „Sag

mal, woher kennst du die Bedienung?“ Nun, ich kannte sie natürlich nicht, zumal ich vorher weder an diesem Ort (irgendwo „in the middle of nowhere“) noch in diesem Restaurant gewesen war. Ich habe einfach nur auf die Bedienung reagiert und so geantwortet wie es in den USA üblich ist.
Für meinen Mann war das befremdlich, da er vorher noch nie in den USA war. Zwar können wir uns nicht mehr daran erinnern, was wir in diesem Restaurant gegessen haben und in welchem konkreten Ort das Restaurant war, aber die Geschichte der Konversation zwischen der Bedienung und mir ist bei meinem Mann nachhaltig hängen geblieben. Immer mal wieder sagt er augenzwinkernd: „Du kennst ja sogar die Bedienungen in den USA.“

Ob der Trend auch in Deutschland dahin geht, dass man auf die Frage „Wie geht es dir?“ keine ehrliche Antwort wünscht, sondern einfach ein „gut“ erwartet, weiß ich nicht. Zumindest enge Freunde und enge Familienmitglieder erwarten eine ehrliche Antwort. Wenn diese fragen, wie es geht, dann geschieht dies aus echtem Interesse. Das ist in den USA übrigens nicht anders. Wenn aber Personen, die mir nicht nahestehen, fragen, wie es mir geht, dann wird es für mich mit dem Antworten, insbesondere jetzt nach der Krebsdiagnose, schwierig. Man würde meinen, dass es für mich einfach wäre, mit der Frage umzugehen, weil ich das ja schließlich schon viermal durchgemacht habe. Ist aber nicht so. Unmittelbar nach meinen Krebsdiagnosen war und ist der Umgang mit der Frage nach meinem Befinden nicht einfach für mich.

Kleiner Einschub, weil er wichtig ist: Ja, ich hatte viermal Krebs. Das ist so und es ist einfach kacke. Aber auch einmal

Krebs ist selbstverständlich kacke. Ob einmal oder viermal. Krebs ist beschissen. Da gibt es keinen Wettbewerb.
Es hat einige Zeit gedauert, bis mir auf die Frage „Wie geht es dir?“ keine Tränen mehr in die Augen geschossen sind. Das ist mir nach jeder Krebsdiagnose so gegangen. Allein die Frage war schon echt hart für mich. Nun da wieder einige Monate seit der letzten Krebsdiagnose vergangen sind, ist die Frage für mich immer noch nicht leicht auszuhalten, aber die Tränen schießen mir dabei nur noch selten in die Augen.
Wenn mich heute jemand, der nichts von meinen Krebsdiagnosen weiß, fragt, wie es mir geht, sage ich: „Mir geht es gut.“ Es hat etwas gedauert, bis ich das nach der letzten Krebsdiagnose wieder flüssig und locker über die Lippen bekommen habe, aber es geht mittlerweile. Allerdings stimmt die Antwort schlichtweg nicht. Dennoch sage ich, dass es mir gut geht, weil ich nicht jedem gleich erzählen möchte, dass das Schicksal eine echte Kackbratze ist. Daher geht die Antwort „gut“ für mich gegenüber Fremden in Ordnung. Das Gespräch geht dann unproblematisch weiter.
Wenn mich aber jemand fragt, wie es mir geht, der meine Krebsvorgeschichte kennt, könnte ich natürlich auch einfach antworten, dass es mir „gut“ geht. Aber das wäre nicht die Wahrheit, denn „gut“ fühle ich mich nun wirklich nicht. Ich fühle mich zwar von Tag zu Tag besser, aber so gut wie vor der letzten Krebsoperation geht es mir eben derzeit nicht. (Siehe dazu Kapitel „Darüber spricht man nicht!“). Vielleicht wird es auch nie wieder so sein wie vor der Operation. Das weiß ich nicht, hoffe aber, dass es immer weiter besser wird.
Vielleicht wäre es zweckmäßig, wenn ich meine Definition von „gut“ einfach mal ändere und auch meinen derzeitigen weniger guten Zustand noch als „gut“ empfinden könnte.

So ist es aber (noch) nicht. Und da ich finde, dass jemand, der meine Krebsvorgeschichte kennt, auch eine ehrliche Antwort bekommen sollte, geht die Antwort „gut“ für mich hier nicht. Nur ist das mit der ehrlichen Antwort auf die Frage nach meinem Befinden, in der Praxis leider gar nicht so einfach.

Ich habe einiges an Antworten ausprobiert. Ein paar Mal habe ich auf die Frage, wie es mir geht, mit „Ehrlich? Mir geht es echt beschissen“ geantwortet. Das entsprach der Wahrheit, weil es mir an diesen Tagen nun wirklich mies ging. Hierauf gab es drei Arten von Reaktionen:

Die erste Art der Reaktion war „Oh“ und das Thema wurde gewechselt. Das fand ich einerseits befremdlich, denn wenn man mich fragt, dann muss man doch auch eine ehrliche Antwort aushalten können, oder? Andererseits verstehe ich es aber auch, dass man das Thema schnell wechseln will. Denn wer will sich schon mit den Auswirkungen einer Krebserkrankung auseinandersetzen? Ich will das ja schließlich auch nicht. Nur ich muss das halt und kann nicht einfach das Thema wechseln.

Die zweite Art der Reaktion auf meine Antwort „Ehrlich? Mir geht es echt beschissen“ hatte ich nicht erwartet. Hier wird dann nämlich mit einem gutgemeinten Hinweis reagiert und zwar nach dem Motto „Aber du hast doch Krebs überlebt, da musst du doch froh sein und es kann dir doch nicht schlecht gehen.“ Ich finde diese Haltung merkwürdig. Natürlich bin ich froh, überlebt zu haben – und zwar exorbitant gigantissimo froh. Nur verstehe ich nicht, warum es mir dann nicht trotzdem auch beschissen gehen kann. Ich muss doch nicht alles toll finden, bloß weil ich Krebs überlebt habe (siehe dazu Kapitel „Darüber spricht man nicht!“).

Die dritte Art der Reaktion auf „Ehrlich? Mir geht es echt beschissen“ war ein anderer gutgemeinter Hinweis, und zwar „Denk doch mal an die Menschen, denen es noch schlechter geht.“ Mir ist absolut bewusst, dass es anderen Menschen in vielfältiger Weise erheblich schlechter geht als mir. Aber dass es anderen Menschen schlechter geht, macht ja meine Beschwerden nicht besser oder erträglicher. Und klar weiß ich auch, dass es auch mir schon einige Male noch schlechter ging als heute. Ich war ja schließlich dabei, als ich die Operationen und Kack-Therapien machen musste. Ich habe es versucht und an einem beschissenen Tag an andere Menschen, denen es noch schlechter geht als mir, sowie an meine früheren noch schlechteren Tage gedacht. Danach habe ich mich aber auch nicht besser gefühlt. Eher im Gegenteil.

Es gibt nun mal Tage, an denen geht es mir einfach beschissen. Selbst Menschen, die noch nie Krebs hatten, haben schließlich auch mal beschissene Tage. Und wenn man Krebs hatte, gibt es diese Tage eben erst recht. Meistens dann, wenn es mal wieder schwerfällt, mit den körperlichen Veränderungen und der seelischen Belastung klarzukommen. Meine Freundin Mia hat mal gesagt: „Du hattest viermal Krebs, dann darfst du auch viermal so viele beschissene Tage haben wie ich.“ Das fand ich lustig. Dieses vierfache „Mia-Kontingent“ habe ich glücklicherweise noch lange nicht ausgeschöpft, aber es gibt die beschissenen Tage auch nach Krebs oder vielleicht gerade nach Krebs.

Die Antwort „Mir geht es echt beschissen“ ist zwar an den betreffenden Tagen eine absolut ehrliche Antwort. Da ich aber mein Gegenüber damit nicht überfordern will und da ich auch keine Lust habe, mir ungebetene Ratschläge abzuholen, habe ich diese Antwort eingestellt, selbst wenn es mir an dem Tag wirklich beschissen geht.

Meine Freundin Mia hat übrigens selbst mal ausprobiert, wie die Leute reagieren, wenn sie auf die Frage nach ihrem

Befinden einfach mal „nicht so gut“ antwortet. Sie hat erzählt, dass die Leute dann durch die Bank sehr irritiert waren. Vielleicht ist es ja doch auch in Deutschland so, dass niemand eine ehrliche Antwort auf die Frage „Wie geht es dir?“ wünscht. Ich kann mich mit diesem Gedanken aber nicht anfreunden und finde, dass diejenigen, die wissen, dass ich kürzlich erst Krebs hatte, eine ehrliche Antwort verdienen.

Da die Antwort „beschissen“ für mich nicht funktioniert hat, habe ich eine andere Art ausprobiert, auf die Frage nach meinem Befinden ehrlich zu antworten, in der ich ungeschönt gesagt habe, was Phase ist. Zum Beispiel: „Ich habe noch mit den Auswirkungen meiner Operation zu kämpfen. Meine Blase macht echt Probleme.“ Oder: „Meine Narbe tut noch echt weh.“ Oder: „Morgen habe ich den nächsten Kontrolltermin beim Arzt. Mir geht mein Arsch schon ganz schön auf Grundeis.“

Ich hatte nicht den Eindruck, dass irgendjemand mit diesen Antworten klargekommen ist. Das Gegenüber war bei solchen Antworten regelmäßig sichtlich geschockt und wirkte recht verstört. Das kann ich sogar verstehen, denn auch ich finde Krebs und die Auswirkungen der letzten Operation echt scheiße. Aber ich kann ja nicht aus meiner Haut. Da ich niemanden überfordern will, gebe ich solche Antworten mit Details meiner Beschwerden nicht mehr.

Auch habe ich mal geantwortet: „Es geht so.“ Daraufhin hat mein Gegenüber sofort eingehakt und gesagt: „Aber dir geht es doch wieder gut, oder?“ In dem Moment hatte ich keine Lust, mich weiter mit demjenigen zu unterhalten und zu erklären, warum ich meinen Zustand derzeit gerade nicht „gut“ finde. Ich habe daher schnell „Ja, mir geht es gut“ gesagt. Mein Gegenüber war zufrieden, hat „Dann ist ja gut“ entgegnet und ich hatte meine Ruhe.

Wenn jemand weiß, dass ich Krebs hatte, und mich fragt, wie es mir geht, funktionieren für mich daher weder die Antwort „gut" noch die Antwort „beschissen", noch die Schilderung meiner Beschwerden, noch die Antwort „es geht so". Die erste Antwort wäre nach meinem Empfinden gelogen und bei den anderen Antworten besteht eine hohe Wahrscheinlichkeit, dass ich mir gutgemeinte aber für mich nicht passende Ratschläge einfange oder mein Gegenüber verschrecke.

Also habe ich mir eine andere Antwort überlegt, die der Wahrheit entspricht und mit der das Gegenüber umgehen kann. Meine Antwort auf die Frage „Wie geht es dir?" lautet derzeit: „Danke, den Umständen entsprechend. Und wie geht es dir?" Mit dieser Antwort habe ich bisher ausschließlich positive Erfahrungen gemacht. Entweder hat das Gegenüber dann nicht mehr weiter nachgefragt, das Thema gewechselt und gelegentlich von seinen Wehwehchen erzählt. Damit kann ich umgehen. Oder das Gegenüber hat explizit nachgefragt, welche Umstände mich denn derzeit quälen, und dann habe ich etwas näher beschrieben, wie es mir geht. Die Antwort „den Umständen entsprechend" ist für mich absolut in Ordnung, denn ich sage die Wahrheit und verschrecke dennoch niemanden. Nur demjenigen, der explizit fragt, erzähle ich Details, die derjenige dann halt aushalten muss. Aber er hat ja auch ausdrücklich danach gefragt. Und aushalten muss ich den Scheiß schließlich auch.

Ich habe mich natürlich schon gefragt, ob es im gesellschaftlichen Miteinander eine Alternative zur Frage „Wie geht es dir?" gibt. Wenn jemand gar nicht wirklich wissen will, wie es mir geht, dann muss er mich doch auch nicht danach fragen. Auch nicht, um ein Gespräch anzufangen. Es wäre doch wirklich blöd, wenn man nur mit der Frage nach dem Befinden ein Gespräch beginnen könnte, obwohl das Befinden gar nicht interessiert. Und wie es der Zufall so will, gab es eine Begegnung mit einer Kollegin im Büro, die ich super fand. Die Kollegin hat mich auf dem Flur getroffen und gesagt „Schön, dich zu sehen." Sie hat also keine Frage nach meinem Befinden gestellt und wir sind einfach so ins Gespräch gekommen. Zudem finde ich „Schön, dich zu sehen" so viel netter als „Wie geht es dir?", jedenfalls wenn das Befinden nicht wirklich interessiert, aber das ist sicherlich Ansichtssache.

Letztlich habe ich einen für mich gangbaren Weg gefunden, auf die Frage „Wie geht es dir?" zu antworten und ich freue mich schon auf den Tag, an dem ich meinem Gegenüber mit voller Überzeugung „gut" antworten kann.

Impuls für mein Leben:
Auf die Frage, wie es mir geht, antworte ich „gut",
wenn „gut" für mich wieder stimmt
(oder ich einfach nicht ehrlich antworten möchte).

Die Narbe gehört jetzt zu dir.

(Klar, aber hässlich ist sie trotzdem.)

In den ersten Wochen nach der letzten Operation bin ich in Jogginghose rumgelaufen, da dies die einzige Hose war, bei der meine neue Narbe nicht so wehgetan hat.
Kleiner Einschub für die Leser und Leserinnen, die es ganz genau wissen wollen: Meine Narbe nach der letzten Operation wegen Gebärmutterkrebs geht vom Schambein bis zum Rippenbogen, also einmal senkrecht über den ganzen Bauch. Da die Narbe noch nicht sehr alt ist, ist sie noch rot und gut sichtbar. Zudem ist die Narbe echt breit, also weit weg von einem dezenten, feinen Strichelchen.
Das Rumlaufen in Jogginghose hat mich echte Überwindung gekostet, denn bislang war Jogginghose für mich immer ein No-Go. Zum Sport oder wenn man Grippe hat, ist Jogginghose in Ordnung, aber für den normalen Alltag? No way! Ich würde zwar nicht so weit gehen wie Karl Lagerfeld, der wohl mal gesagt hat, dass jemand, der Jogginghose trägt, die Kontrolle über sein Leben verloren habe, aber irgendwie finde auch ich, dass eine Jogginghose kein echtes Kleidungsstück ist. Und nun hatte ich den Salat und habe über viele Monate Jogginghosen angezogen, weil meine Narbe anderenfalls weh getan hätte. Doch auch das monatelange Tragen der Jogginghosen hat mich nicht zu ihrer Freundin gemacht. Letztlich bin ich froh, dass ich heute keine Jogginghosen mehr anziehen muss.
Als ich merkte, dass ich wieder normale Hosen ohne schmerzende Narbe anziehen kann, habe ich sofort alle meine „richtigen“ Hosen durchprobiert. Hierbei habe ich dann feststellen müssen, dass längst nicht mehr alle früheren Hosen mit meiner Narbe kompatibel sind. Insbesondere Low Rise Hosen gehen gar nicht mehr.

Daraufhin bin ich einkaufen gegangen, um mir für den anstehenden Sommer eine neue dünne Chino mit normaler Bundhöhe zu kaufen. Hierbei hatte ich mega Glück, denn bereits im ersten Geschäft habe ich ein Modell entdeckt, bei dem ich schon in der Umkleidekabine das Gefühl hatte, dass die Hose super sitzt. Da die Umkleidekabine aber so dunkel war, bin ich aus der Kabine rausgekommen, um mich bei besserem Licht in dem Spiegel neben der Kabine zu betrachten. Die Hose saß einfach super. Ich war happy.
Und dann ist es passiert. Richtig unangenehm, aber ich habe echt nicht an meine Narbe gedacht: Als ich mich vor der Umkleidekabine im Spiegel anschaute, kam eine Verkäuferin und fragte, ob sie mir behilflich sein könnte. Daraufhin wollte ich der Verkäuferin zeigen, wie gut die Hose bei mir sitzt. Ich sagte also: „Die Hose passt super!", und um ihr das zu demonstrieren, zog ich mein Shirt hoch und zeigte ihr den Hosenbund. Die Verkäuferin zuckte richtig erschrocken zusammen und schaute recht irritiert. Um ehrlich zu sein: Sie schaute sogar etwas angewidert. Sie riss ihre Augen auf, zuckte kurz mit den Schultern, wich dabei einen Schritt zurück und ihre Mundwinkel verzogen sich, wie wenn man etwas richtig Ekliges sieht. Währenddessen starrte sie die ganze Zeit ununterbrochen auf meinen Bauch. Daraufhin habe ich mein Shirt schnell wieder runtergezogen und gesagt: „Das ist nur eine OP-Narbe, nix Schlimmes, machen Sie sich keine Gedanken."
Obwohl der Blick der Verkäuferin nur einen Bruchteil einer Sekunde gedauert hat, werde ich ihn nie vergessen. Und irgendwie verstehe ich die Verkäuferin auch, denn sie hat sicher nicht damit gerechnet, dass sie eine große Narbe gezeigt bekommt, die ich ja selbst nicht gerade schön finde.
Funfact am Rande: Insbesondere die Leserinnen unter euch werden mich verstehen, wenn ich es für erwähnenswert

halte, dass ich von diesem Modell mittlerweile noch weitere Hosen in unterschiedlichen Farben gekauft habe. Nach meiner Erfahrung ist es als Frau echt schwer, eine gutsitzende Hose zu finden und das gilt erst recht mit einer Narbe am Bauch. Nun habe ich eben vom gleichen Modell fünf Hosen.

Als ich meiner Freundin Hannah von meinem Erlebnis beim Hosenkauf erzählte, hat sie gesagt „Die Narbe gehört jetzt zu dir. Du musst sie akzeptieren.“ Hannah hat damit wohl recht. Klar gehört die Narbe zu mir, sie ist ja Teil meines Körpers. Und als Teil meines Körpers kann ich die Narbe ja auch nicht loswerden, also muss ich sie wohl akzeptieren. Aber hässlich finde ich meine Narbe trotzdem! Ich finde, wenn etwas hässlich ist, dann darf man das auch so sagen, ohne es zu beschönigen. Mir ist bewusst, dass ich ohne Operation ziemlich rasch gestorben wäre. Die Operation und damit auch die große Narbe waren für mich daher alternativlos und ich bin echt froh zu leben. Und dennoch, hässlich bleibt hässlich.

Ein Arzt sagte mal zu mir, dass ich mich einfach mal nackig drei Minuten vor den Spiegel stellen und meine Narbe und meinen Körper betrachten sollte. Nach Ablauf der drei Minuten würde ich dann die Narbe schön(er) finden. Nun, ich habe den Trick probiert. Nach drei Minuten fand ich die Narbe immer noch so hässlich wie vorher. Da ich dem Ganzen noch eine Chance geben wollte, habe ich es sogar mal fünf Minuten probiert. Auch nach fünf Minuten war die Narbe aber immer noch hässlich.
Hannah hatte dann noch eine Idee und meinte, dass ich mir die Narbe doch als Siegesbeweis wunderschön tätowieren lassen könnte. Ich muss sehr verdutzt geschaut haben, denn sie zückte gleich ihr Handy, tippte kurz darauf rum und

zeigte mir dann ein Bild von einer Frau, die ein Ranken-Tattoo auf dem Bauch hatte.
Der Gedanke des Siegesbeweises ist echt süß, aber tätowieren? Ich bin durchaus Schmerzen gewohnt – die schmerzfreie Krebstherapie könnte echt mal erfunden werden – aber ein Tattoo ist wirklich nichts für mich (aua, aua, aua). Ein Tattoo ist immer Geschmackssache und zudem müsste die Ranke auf meinem Bauch wegen der Größe meiner Narbe ein Mammutbaum sein. Da belasse ich es doch lieber bei meiner hässlichen Narbe.

Impuls für mein Leben:
Wenn es hässlich ist, ist es hässlich.

Mein Vater hatte das auch.

(Das würde mich wundern!)

In der ersten Woche als ich wieder zurück im Büro war, erhielt ich eine Nachricht per teams von meinem Arbeitskollegen Noah. Er schrieb „Ich habe gehört, dass du wieder im Büro bist. Ich würde mich gerne mit dir treffen. Sag mir einfach, wann du Zeit hast." Noah hatte ich über eine Kollegin kennengelernt und bislang hatte ich mit ihm nicht viel zu tun. Fachlich hatten wir bisher sogar noch gar keine Berührungspunkte gehabt und ansonsten haben wir nur gelegentlich miteinander über Neuigkeiten im Büro gequatscht. Ich habe Noah kurz geantwortet, dass ich mich bald melde und dass er, wenn es fachlich dringend sein sollte, einfach in meinem Büro vorbeikommen könne.

Noch bevor wir einen Termin ausmachen konnten, traf ich Noah am nächsten Morgen in der Tiefgarage des Büros. Er sah mich und stürmte geradezu auf mich zu. So früh morgens war ich noch nicht so fit, aber Noah macht Sport und ist sehr wahrscheinlich ein echter Frühaufsteher. Ich hingegen bin nur deshalb so früh im Büro, weil ich keine Lust habe, morgens im Berufsverkehr zu stecken. Noah lief also auf mich zu und sagte „Gut, dass ich dich treffe. Ich wollte dir sagen, mein Vater hatte das auch." Pause. Ich habe wohl recht verdutzt geschaut, denn ich bin bislang davon ausgegangen, dass der Vater von Noah ein biologischer Mann und kein Transmann ist. Obwohl ich natürlich geahnt habe, dass Noah den Krebs im Allgemeinen und nicht meinen Gebärmutterkrebs meinte, habe ich zu Noah dennoch Folgendes gesagt: „Echt? Dein Vater hatte auch eine Gebärmutter? Krass!"

Erwartungsgemäß hat Noah dann erklärt, dass sein Vater keinen Gebärmutterkrebs, aber eben auch Krebs hatte. Sein

Vater sei zwei Wochen nach der (Prostata-)Operation wieder fit gewesen und bis heute sei alles in Ordnung. Ich habe dann noch gewartet, ob Noah noch weitere Informationen für mich hatte, irgendetwas, was mich persönlich und/oder meinen Krebs betrifft. Irgendetwas, was mich vielleicht weiterbringt. Aber nein, das war alles. Mehr hatte Noah mir an diesem Morgen nicht zu berichten. Er wollte mir offensichtlich einfach nur mitteilen, dass sein Vater mal Prostatakrebs hatte und schnell wieder gesund war.
Mir ist bis heute nicht ganz klar, was ich mit dieser Information anfangen soll. Dass nicht nur ich Krebs bekomme, sondern dass auch andere Menschen an Krebs erkranken, ist mir durchaus bekannt. Und dass es Krebserkrankungen gibt, die sich verhältnismäßig gut therapieren lassen, weiß ich auch. Vielleicht wollte mich Noah auch einfach nur aufmuntern. Nach dem Motto: Schau mal, Krebs geht schnell vorbei. Nun, das mit dem Aufmuntern hat leider nicht funktioniert. Ich hatte halt nicht den leicht(er) zu behandelnden Prostatakrebs von Noahs Vater. Als ich an diesem Tag mit dem Aufzug von der Tiefgarage ins Büro gefahren bin, habe ich einfach nur gedacht: „Danke für diese Information" oder besser ausgedrückt: „Thank you for nothing."

Es freut mich wirklich sehr für jeden, der seine Krebserkrankung übersteht und wenn es – wie beim Vater von Noah – sogar nur zwei Wochen dauert, um wieder fit zu sein, ist das großartig. Nur ist Krebs halt nicht gleich Krebs. Ich weiß das leider ganz genau, weil ich ja nun schon viermal Krebs in drei unterschiedlichen Varianten (Leukämie, zwei Mal Schilddrüsentumor, zuletzt Gebärmutterkrebs) hatte. Bloß weil sich der Prostatakrebs von Noahs Vater gut und verträglich hat behandeln lassen, heißt das ja nicht, dass alle Krebserkrankungen gleich gut behandelt werden können.

Meine Krebserkrankungen hatten jeweils unterschiedliche Therapien und es hat jedes Mal unterschiedlich lang gedauert, bis ich wieder einigermaßen auf die Beine gekommen bin. Allerdings war ich nach keiner Krebserkrankung innerhalb von nur zwei Wochen wieder fit. Super, wenn das bei der Krebserkrankung von Noahs Vater möglich war. Bei meinen Krebserkrankungen ging das leider nicht. Mit den Auswirkungen der letzten Krebserkrankung habe ich sogar heute noch zu tun (siehe dazu Kapitel „Darüber spricht man nicht.“). Ich hatte halt einen anderen Krebs als der Vater von Noah. Wenn Gebärmutterkrebs dasselbe wäre wie Prostatakrebs, dann hätte es ja auch keine unterschiedlichen Bezeichnungen dafür geben müssen, sondern hätte einfach „Krebs untenrum“ heißen können. Es hat halt seinen Sinn, dass man etwas, das unterschiedlich ist, auch unterschiedlich bezeichnet. Jede Krebsart ist eben anders.
Und selbst wenn zwei Menschen dieselbe Krebsart haben, kann die Therapie und die Auswirkungen dieser Krebsart für beide Menschen unterschiedlich sein. Als ich nach meiner letzten Operation im Krankenhaus lag, lag eine Frau neben mir im Zimmer, die wegen Gebärmutterhalskrebs (das ist etwas anderes als Gebärmutterkrebs, den ich hatte) operiert wurde. Die Operation wurde ambulant durchgeführt, das heißt, die Frau konnte abends wieder nach Hause gehen. Nach der Operation brauchte sie keine weitere Therapie. Keine Bestrahlung, keine Chemotherapie, nichts. Eine Nachbarin meiner Freundin Lena hatte auch Gebärmutterhalskrebs. Sie hatte allerdings eine heftige, nicht nur ambulante Operation, musste eine Chemotherapie machen und wurde bestrahlt. Die Nachbarin von Lena konnte 18 Monate nicht arbeiten. Was für ein Unterschied! Ambulante Operation oder Höllentherapie – und das bei derselben Krebsart.

Die Auswirkungen einer Krebserkrankung hängen halt immer davon ab, welche Krebsart man hat und wie weit fortgeschritten sich der Krebs schon entwickelt hat. Für mich war die Äußerung von Noah, dass sein Vater DAS auch hatte, daher irgendwie befremdlich. DAS gibt es für mich bei Krebs einfach nicht. Jeder Krebs ist anders. Die einzige Gemeinsamkeit von Krebs ist, dass er unbehandelt tödlich verläuft und dass er immer kacke ist. Der gut zu behandelnde Krebs ist einfachkacke und der schwerwiegendere Krebs ist oberkacke. Meine Krebserkrankungen waren teilweise einfachkacke und teilweise oberkacke. Der oberoberkacke Krebs blieb mir bislang erspart, denn ich lebe zum Glück ja noch und das kann auch gerne noch viele Jahre so bleiben!

Noah war mit seinem Vater unmittelbar von einer Krebserkrankung betroffen und wenn er mir dies mitteilen möchten, kann ich das sogar noch irgendwie verstehen – wenngleich ich mit Prostatakrebs wirklich nichts anfangen kann.

In den letzten Monaten sind aber auch viele Menschen auf mich zugekommen, die weder selbst noch deren Angehöriger oder sonst nahestehende Person mal Krebs hatten. Diese Menschen haben mir erzählt, dass sie jemanden kennen, der jemanden kennt, der auch Krebs hatte. Ich habe diese Menschen wirklich nicht danach gefragt, aber es schien ihnen irgendwie ein Bedürfnis zu sein, mir mitzuteilen, dass sie – über wie viele Ecken auch immer – schon mal mit Krebs in Berührung gekommen sind.

Nun, bloß weil man jemanden kennt, der jemanden kennt, der auch schon mal Krebs hatte, wird man sicher nicht zum Krebsexperten. Es mag ja sein, dass diese Menschen schon mal mit Krebs in Berührung gekommen sind, dabei hat es sich dann aber wohl eher um einen Krebs am Strand und nicht um eine Krebserkrankung gehandelt. Dass die Nachbarin der Freundin der Tante mal Krebs hatte, tut mir wirklich leid und ich wünsche ihr wirklich alles Gute. Nur mit mir hat das halt nichts zu tun.

Wenn mir jemand mal wieder von jemandem erzählt, der jemanden kennt, der auch mal Krebs hatte, schalte ich übrigens mittlerweile auf Durchzug. In der ersten Zeit habe ich noch höflich nach den näheren Umständen gefragt (Was hatte die Person denn genau? Geht es ihr heute wieder besser?), aber meist kannte mein Gegenüber auch keine Einzelheiten. Heute lasse ich den Hinweis, auf den jemand, der jemanden kennt, einfach unkommentiert stehen, wechsele das Thema und denke mir „Echt jetzt? Da gibt es neben mir wirklich noch eine andere Person, die auch mal Krebs hatte? Erstaunlich!“ (Ich schwöre, dass ich das bislang nur gedacht und nicht ausgesprochen habe! Allerdings kann ich nicht ausschließen, dass ich das irgendwann mal laut denke.)

Impuls für mein Leben:
Krebs ist unvergleichlich kacke.

Betrachte Krebs als Chance.

(Auf so eine Chance hätte ich gut verzichten können!)

Ich bin dem Tod viermal von der Schippe gesprungen und bin exorbitant froh darüber. Die Freude, überlebt zu haben, teile ich mit vielen Betroffenen. Dennoch kann ich mit Aussagen wie zum Beispiel „Der Krebs hat mich stärker gemacht" oder „Krebs war eine wichtige Erfahrung" gar nichts anfangen.
Stärker hat mich der Krebs sicher nicht gemacht. Körperlich war ich vor dem Krebs deutlich fitter, so dass er mich auf körperlicher Ebene eher geschwächt und nicht gestärkt hat. Seelisch hat der Krebs voll reingehauen und ich war nach jeder Diagnose echt fertig. Es hat mich einige Mühe gekostet, wieder seelisch einigermaßen stabil zu werden. Ich kann daher wirklich nicht sagen, dass mich der Krebs seelisch stärker gemacht hat.
Und auch eine wichtige Erfahrung war der Krebs für mich sicher nicht. Wenn Krebs so wichtig wäre, dann würden sich ihn doch alle Menschen wünschen. Das tut aber natürlich keiner. Meine wichtigen Erfahrungen sammele ich im Beruf und im privaten Umfeld, aber bestimmt nicht durch eine scheiß Krankheit. Für mich ist Krebs völlig überflüssig. Ich hätte gut auf Krebs verzichten können. Wirklich!
Mir ging es vor jeder Diagnose echt gut. Ich brauche mir also jetzt nach dem Krebs nicht zu überlegen, was ich alles in meinem Leben anders machen möchte. Ich will nämlich gar nichts anders machen. Erst recht will ich nichts ändern, bloß weil ich Krebs hatte.

Manche Menschen, so wie Bernd, können das nicht verstehen. Bernd hat mal zu mir gesagt „Betrachte Krebs als Chance. Jetzt kannst du dein Leben ändern." Um mein

Leben zu ändern, brauche ich aber echt keinen Krebs. Man kann doch auch als gesunder Mensch sein Leben gelegentlich reflektieren und bei Bedarf in andere Bahnen lenken. Vielleicht sollte man das sogar regelmäßig machen und schauen, ob noch alles so läuft, wie man möchte.

Auch ohne Krebs kann man zum Beispiel darüber nachdenken,

- ob der Job noch passt,
- ob der Partner/die Partnerin noch der/die Richtige ist,
- ob der eine Freund oder die eine Freundin einem noch guttut,
- ob die Wohnung noch gefällt,
- ob man genug Sport macht,
- ob man sich so gesund, wie man es eigentlich will, ernährt oder
- ob man, was auch immer, so tut, wie man es sich vorgestellt hat.

Ich habe mal jemanden gehört, der folgenden Satz sagte: „Ja, ich kann Portugiesisch, ich muss es nur noch lernen." Für mich steckt in dem Satz drin, dass man alles lernen kann, was man heute noch nicht kann. Diesen Gedanken finde ich echt gut. Jeder mit einer halbwegs durchschnittlichen Intelligenz kann schließlich theoretisch alles lernen. Je nach Veranlagung braucht der eine halt weniger Zeit bis zum Ziel als der andere. Aber letztlich kann jeder sein Lernziel erreichen. Derjenige, der diesen Satz „Ja, ich kann Portugiesisch, ich muss es nur noch lernen" gesagt hat, hat sicherlich nicht gemeint „Ich lerne Portugiesisch, aber erst, wenn ich mal Krebs hatte."

In eine ähnliche Richtung geht auch der Werbeslogan von Nike „Just do it". Gerade beim Sport ist „Mach es einfach" wohl ein guter Rat, denn hier ist es – jedenfalls für mich –

besonders schwer, den inneren Schweinehund zu überwinden und zum Sport zu gehen. Ich finde, „Mach es einfach" passt als Ratschlag auch fürs sonstige Leben unabhängig von Sport. Wenn man etwas unbedingt machen möchte, dann sollte man das auch machen. Als Nike den Werbeslogan „Just do it" veröffentlichte, meinte Nike bestimmt nicht: „Mach es – aber erst nachdem du mal Krebs überstanden hast."

Krebs kann sicherlich ein Anlass sein, mal darüber nachzudenken, ob man etwas in seinem Leben ändern möchte. Aber als Chance würde ich die Krebserkrankung nicht bezeichnen. Wäre Krebs nämlich tatsächlich eine Chance, dann hätten ja alle Menschen ohne Krebserkrankung womöglich keine Chance, etwas zu ändern und das ist Quatsch. Die Chance, etwas zu verändern, hat man schließlich jeden Tag und es scheint mir doch recht irre, auf Krebs zu warten, um etwas zu verändern.

Für mich passt „Betrachte Krebs als Chance" daher nicht. Und ich möchte mir auch nicht einreden lassen, dass ich jetzt etwas ändern muss, bloß weil ich Krebs hatte. Ich ändere Dinge, die ich ändern kann, wenn ich diese ändern will und zwar unabhängig von Krebs. Krebs brauche ich nun wirklich nicht – weder, um was zu ändern, noch für sonst was. Wenn Krebs eine Chance wäre, hätte ich darauf gut verzichten können. Für mich ist Krebs für gar nichts gut.

Bernd hat sich übrigens einige Tage nach seiner Äußerung „Betrachte Krebs als Chance. Jetzt kannst du dein Leben ändern" von seiner Frau getrennt. Er hat also sein Leben geändert – ganz ohne Krebserkrankung. Geht doch!

Impuls für mein Leben:
Ändere dein Leben, (nur) wenn du es möchtest.

Da kannst du aber froh sein, dass dich dein Mann nicht wegen Krebs verlassen hat.

(Hä? Wieso sollte er?)

Mein Mann ist perfekt. Jedenfalls für mich. Okay, mein Mann ist nicht immer perfekt und ich könnte ihn auch manchmal auf den Mond schießen (er mich übrigens auch), aber mit meinen Krebserkrankungen hat das nichts zu tun. Wenn es um Krebs geht, ist mein Mann einfach nur spitze. Ohne Einschränkung. Top! Top! Top!

Mein Mann und ich sind nun seit über 30 Jahren zusammen. Das Geheimnis unserer Beziehung ist wohl das Reden. Wir besprechen alles. Also wirklich ALLES. Wir reden über die schönen Dinge, aber auch über die unangenehmen, peinlichen und traurigen. Für uns gehört das zu unserer Beziehung dazu. Klar ist es nicht immer einfach, auch unangenehme Dinge anzusprechen. Habt ihr eurem Mann zum Beispiel schon mal gesagt, dass ihr seine Nasenhaare eklig findet? Ich fand das nicht angenehm, aber es musste sein, denn wie hätte ich meinem Mann sonst erklären können, dass er seinen Nasenhaarrasierer auch benutzen soll?
In den wichtigsten Dingen des Lebens stimmen mein Mann und ich absolut überein. Ich habe mal gelesen, dass sich die meisten Partner entweder über Kinder oder über Finanzen streiten. Da wir keine Kinder haben, fällt dieses Streitthema schon mal weg. Auch über das Kinderkriegen an sich haben wir uns nie gestritten (siehe dazu Kapitel „Wieso hast du keine Kinder?“).
Bleiben noch die Finanzen als potenzielles Streitthema. Zum Glück haben mein Mann und ich zum Thema Finanzen exakt die gleiche Meinung. Über Geld haben wir uns noch nie gestritten. Das mag vielleicht daran liegen, dass wir

beide arbeiten gehen und jeder über sein eigenes Geld verfügen kann. Da wir ähnlich sparsam mit unserem Geld umgehen, passt das einfach.
Ein anderes Streitthema bei Paaren in unserem Umfeld ist die Hausarbeit. Mein Mann und ich teilen uns die Hausarbeit. Keiner von uns macht das gerne, also haben wir diese blöde Arbeit unter uns aufgeteilt. Nicht so ein „Aufteilen" wie in den 50er-Jahren, in denen die Frau alles gemacht hat und sich der Mann dafür abgefeiert hat, dass er mal einkaufen gegangen ist. Mein Mann und ich teilen die Hausarbeit fair auf und wir finden das gut so. Manchmal kommen bei der Hausarbeit sogenannte Alternativaufgaben dazu, die ich später näher erläutere.
Da mein Mann das Kochen übernommen hat, ist es schon öfter vorgekommen, dass ihn andere Menschen dafür ausdrücklich gelobt haben. Ich habe schon oft Folgendes gehört: „Was? Dein Mann kocht? Du hast ja einen tollen Mann!" Echt jetzt? Ein Mann ist toll, bloß weil er zu Hause kocht? Wohl kaum. Ja, ich habe einen tollen Mann, aber bestimmt nicht, weil er kocht.
Auch auf beruflicher Ebene haben wir uns stets abgestimmt. Als mein Mann sich beruflich weiterbilden wollte und seine ganze Freizeit ins Lernen gesteckt hat, habe ich das unterstützt. Als ich später Karriere machen wollte und nahezu keinen freien Tag mehr hatte, hat mein Mann mir wiederum den Rücken freigehalten. Heute haben wir beide beruflich das erreicht, was wir erreichen wollten. Das macht uns echt zufrieden.

Aber natürlich läuft auch bei uns nicht alles rund. Das liegt daran, dass die Charaktere von meinem Mann und mir völlig unterschiedlich sind. Es gab bei uns einen Moment, der unsere unterschiedlichen Charaktere besonders gut widerspiegelt: Mein Mann und ich fuhren mit dem Auto Richtung Ostfriesland und kamen an einem Windpark vorbei. Alle Windräder drehten sich in derselben Geschwindigkeit recht langsam, nur ein kleineres Windrad drehte erkennbar viel schneller als die anderen. Mein Mann sagte daraufhin: „Schau mal, dort ist eine Maren." Wir haben Tränen gelacht und tun dies noch heute, wenn wir an diese Geschichte denken. Das Bild passt einfach so gut. Ich bin Mrs. „Zackzack" und mein Mann ist Mr. „L-a-n-g-s-a-m".

Leider führen diese unterschiedlichen Charaktere dazu, dass mein Mann und ich eine absolut unterschiedliche Einstellung zum Thema Zeitmanagement haben. Während ich nach dem Motto lebe „Was du heute kannst besorgen, das verschiebe nicht auf morgen.", lebt mein Mann nach dem Motto „Was du heute kannst besorgen, dass verschiebe ruhig auf morgen." Ihr ahnt es schon, das passt nun wirklich nicht zusammen und das kann dann schon mal zu gegenseitigem Unverständnis führen.
Wenn wir in den Urlaub fahren, mache ich mir zum Beispiel bereits einige Tage vor Abfahrt darüber Gedanken, was ich mitnehmen möchte und sehe zu, dass alle relevanten Klamotten gewaschen sind. Ich packe spätestens 24 Stunden vor Abfahrt, damit ich noch Zeit habe, Dinge, die fehlen, zu besorgen. Spätestens am Abend vor unserer Abfahrt bin ich fertig. Alles steht parat.
Alles – bis auf den Koffer meines Mannes, denn er hat noch nicht einmal angefangen zu packen. Aus seiner Sicht reicht es völlig aus, am Vorabend der Abfahrt erst noch einen Film anzuschauen und dann irgendwann kurz vor dem Schlafengehen mit dem Packen anzufangen. Ich krieg' die Krise, wenn ich daran denke. Vor allem, wenn meinem Mann beim Packen auffällt, dass ihm irgendwas fehlt. Dann wird

fieberhaft im Haus gesucht, ob wir das fehlende Teil nicht doch irgendwo haben – einkaufen geht dann nämlich nicht mehr, da es dafür schon zu spät ist.

Da gab es zum Beispiel mal das Thema mit dem Adapter. Mein Mann hatte vergessen nachzuschauen, ob wir einen passenden Adapter haben und falls nicht, einen zu besorgen. Ich habe meinem Mann dann mitten in der Nacht geholfen zu suchen und habe vor mich hingebrummelt „Brrrrr, muss man denn wirklich immer alles auf den letzten Drücker machen?“ Mein Mann hat dies gehört und ganz ruhig und in einer selbstverständlichen Art und Weise gesagt: „Man muss nicht, aber man kann.“

Wir sind dann übrigens ohne Adapter in den Urlaub gefahren. Im Hotel stellte sich heraus, dass das Hotel auf Menschen wie meinen Mann vorbereitet war. Das Hotel hatte Adapter. Die Reaktion meines Mannes war: „Oh gut.“ Ich hätte ja die Reaktion „Da habe ich aber noch mal Glück gehabt und werde meine Sachen beim nächsten Mal frühzeitig erledigen“ bevorzugt, aber mein Mann sagte einfach nur: „Oh gut.“ Als ich ihn nach der Reise gefragt habe, ob er denn jetzt nach der Adapter-Geschichte zukünftig früher mit dem Packen anfängt, hat er grinsend geantwortet „Wieso? Wir hatten doch einen Adapter.“ Puh, Welten prallen aufeinander …

Auch der Zeitpunkt, zu dem wir losfahren, ist so eine Sache. Wenn wir laut Navi 30 Minuten bis zum Ziel brauchen, fährt mein Mann 30 Minuten vor unserem Termin los. Keine Minute früher. Allenfalls später. Mein Mann kommt auch meist noch irgendwie pünktlich an. Beruflich schafft er es sogar immer pünktlich. Keine Ahnung, wie er das immer schafft. Auch privat schafft er es meist rechtzeitig.

Allerdings sind wir gelegentlich auch schon mal zu spät gekommen und dann hat der Zeitplan meines Mannes nicht geklappt. Zumindest meiner Wahrnehmung nach waren wir zu spät zur Beerdigung meiner Oma, als wir auf den Friedhofsparkplatz eingebogen sind, die übrige Familie schon in der Kirche saß und die Kirchglocken soeben zu schlagen aufhörten. Wir sind in die Kirche gespurtet und nahmen gerade Platz, als der Pfarrer mit seiner Predigt anfing. Ich finde, wir waren sowas von zu spät. Mein Mann findet, wir waren rechtzeitig da. Er meinte: „Ein gutes Pferd springt knapp." Brrr!

Es dürfte klar sein, dass ich immer mit einem zeitlichen Puffer rechne. Mein Motto lautet: Wer nicht zu früh ist, ist zu spät. Deshalb war ich auch noch nie zu spät. Wirklich! Noch nie! Noch nicht einmal, als ich mit dem Auto durch den Wald gefahren bin (siehe dazu Kapitel „Bist du glücklich?"). Da mir die Zeitplanung meines Mannes eindeutig zu kribbelig ist, bin ich dazu übergegangen, ihm einfach zu sagen, dass wir früher am Ziel ankommen sollen. Wenn wir also um 15 Uhr verabredet sind, habe ich gesagt, dass wir um 14.45 Uhr ankommen wollen. Dann konnte ich sichergehen, dass wir auch um 15 Uhr da sind. Irgendwann hat das mein Mann gemerkt und seither sage ich mit einem Augenzwinkern: „Wir müssen um 15 Uhr da sein. Für dich 14.45 Uhr." Seither sind wir nicht mehr zu spät gekommen, weil wir mit Puffer losgefahren sind.
Das mit dem Puffer artet bei mir leider manchmal auch ein ganz klein wenig aus. So ist es schon vorgekommen, dass ich zum Aufbruch gedrängt habe und wir 30 Minuten zu früh im Kino waren. Ich meine nicht 30 Minuten, bevor der Film anfing, sondern 30 Minuten, bevor überhaupt Einlass war.
Aus meiner Sicht waren wir voll in der Zeit und ich fand alles super. Mein Mann sah das ganz anders und fand, dass

wir sehr viel zu früh dran waren. Für ihn wären wir immer noch pünktlich gewesen, wenn wir zum Hauptfilm dagewesen wären und die Werbung verpasst hätten. Deshalb hat mein Mann dann auch gesagt: „Also, wenn wir eine Stunde später losgefahren wären, hätte es auch noch gepasst." Ja, so ist das bei uns.

Das größte Thema aber sind die Alternativaufgaben meines Mannes. Ihr wisst nicht, was Alternativaufgaben sind? Kein Wunder, denn mein Mann hat sie erfunden. Eine Alternativaufgabe lässt sich am besten mit einer typischen Situation erklären: Ich bitte meinen Mann beim Frühstück darum, dass er heute bitte zwei bestimmte Dinge erledigt, zum Beispiel den Müll rauszubringen und Brot zu kaufen. Er sagt ausdrücklich, dass er das erledigen wird und ich verlasse mich darauf.

Am Abend ist weder das eine noch das andere erledigt. Der Müll riecht schon und wir wollen in einer Stunde Abendbrot essen (wie das Wort schon sagt – mit Brot). Ich spreche meinen Mann darauf an und er sagt „Ja, ich mach' das schon noch. Ich hab' nur eben kurz im Internet geschaut, was es so für neue gebrauchte Autos auf dem Markt gibt." Die Auto-Recherche ist eine klassische Alternativaufgabe. Völlig unwichtig, wir brauchen nämlich gerade gar kein neues Auto.

Mein Mann ist der unangefochtene Champion im Erledigen von Alternativaufgaben. Eine solche Alternativaufgabe macht immer mehr Spaß als die eigentliche Aufgabe und wird daher von meinem Mann bevorzugt erledigt. In meiner Welt ist die Alternativaufgabe allerdings immer viel unwichtiger als die eigentliche Aufgabe, weshalb natürlich zuerst die eigentliche Aufgabe zu erledigen ist. Mein Mann sieht das total anders.

Am besagten Tag gab es Toast zum Abendessen, den mein Mann im Supermarkt geholt hat, weil der Bäcker kein Brot mehr hatte. Sein Kommentar mit einem breiten Grinsen im Gesicht: „Toast geht auch. Es heißt ja schließlich auch Toast-BROT." Ich muss zugeben, das fand ich witzig. Den Müll hat mein Mann am nächsten Morgen rausgebracht. Sein Kommentar: „Die Müllabfuhr kommt doch erst heute." Nee, ist klar! Irgendwie kriegt mein Mann immer die Kurve.

Natürlich haben mein Mann und ich uns über unser unterschiedliches Zeitmanagement unterhalten. Wie gesagt, wir reden und finden oft Kompromisse. Bei den Alternativaufgaben ist das mit den Kompromissen aber leider eher schwierig, denn letztlich geht es um die Reihenfolge, in der Dinge zu erledigen sind. Entweder man erledigt die von mir priorisierten Dinge zuerst (was meines Erachtens natürlich richtig wäre) oder man erledigt zuerst die Alternativaufgaben (was meines Erachtens natürlich die völlig falsche Reihenfolge wäre). Mein Mann hat einmal vorgeschlagen, dass ich doch zum Beispiel den Müll selbst rausbringen könne und das Brot selbst kaufen könne, wenn er in meinen Augen zu spät dran sei.

Nee, das habe ich gleich durchschaut. Dann würde ich nämlich seine Aufgaben übernehmen, da wäre ich ja schön blöd. Wenn ich heute meinen Mann bitte, etwas aus meiner Sicht wirklich Wichtiges zu erledigen, füge ich meiner Bitte „Aber bitte mach' das vor den Alternativaufgaben" hinzu. Mein Mann grinst dann und sowohl die von mir priorisierte Aufgabe als auch eine Alternativaufgabe werden erledigt – zuerst die Alternativaufgabe, weil diese eben mehr Spaß macht.

Letztlich können mein Mann und ich mit unseren unterschiedlichen Charakteren gut leben. Und mal ehrlich: Wenn

er so wäre wie ich, so strukturiert und verplant, würde ich damit vielleicht auch gar nicht klarkommen und wir wären vermutlich nicht zusammen. Zwar ist er bestimmt nicht unanstrengend. Aber das bin ich ja schließlich auch nicht, sagt jedenfalls mein Mann.
Auch wir haben also mit ganz normalen, kleinen Alltagsdingen zu tun. Der Alltag verschwindet ja nicht, bloß weil ich Krebs überlebt habe. Vielleicht nehmen mein Mann und ich die Dinge im Alltag nicht so ernst wie andere. Gestritten haben wir uns jedenfalls wegen dieses Kleinkrams noch nie. Noch nicht einmal über die Alternativaufgaben oder das Zuspätkommen. Toll finde ich weder die Alternativaufgaben noch das Zuspätkommen, aber deswegen streiten? Nee, wir versuchen diese Themen mit einer Prise Humor zu lösen. Und wenn uns etwas wirklich wichtig ist, dann richtet sich der andere auch ganz sicher danach. Man muss halt nur darüber sprechen.
Meine Krebserkrankungen haben dazu geführt, dass mir meine Lebenszeit zu schade ist, um mich über Alltagsdinge aufzuregen. In den wichtigen Dingen des Lebens steht mein Mann hinter mir und, wenn es sein muss, auch vor mir. Er kann mich zwar nicht vor Krebs beschützen, aber er tut für mich alles, was wichtig ist (außer Brot kaufen, aber das ist nun wirklich nicht wichtig).

Drei meiner Krebserkrankungen hat mein Mann nun mit mir durchgestanden und er hat das echt klasse gemacht. Es gibt das Lied „Because you loved me“ von Celine Dion mit der Zeile „You were my strength when I was weak“ (Du warst meine Kraft, als ich schwach war); und das trifft es genau auf den Punkt. Denn immer, wenn es mir schlecht geht, steht mein Mann wie ein Fels in der Brandung und tut alles, damit es mir schnell wieder besser geht.

Als ich zum Beispiel nach der letzten Operation noch nicht wieder richtig laufen konnte, hat er mich untergehakt und wir sind jeden Tag ein paar Schritte gegangen. Erst auf unserer Terrasse, dann auf der Straße bis zum nächsten Haus, immer ein Stückchen weiter, so wie es eben ging. Heute schaffe ich schon wieder die große Runde, die wir auch vor der Operation spazieren gegangen sind.
Oder wenn ich mal wieder eine Hitzeattacke bekomme (siehe dazu Kapitel „Darüber spricht man nicht!"), springt mein Mann sofort auf und holt den Handventilator. Wenn der Ventilator gerade nicht in der Nähe ist, scheut er sich auch nicht, mir mit irgendetwas Greifbarem Luft zuzufächeln, damit es mir besser geht und ich die Hitzeattacke besser ertragen kann. So ist es auch schon vorgekommen, dass er mir im Restaurant mit der Speisekarte Luft zugewedelt hat, obwohl wir auf der Terrasse saßen. Die Leute haben geschaut und sich gewundert. Meinem Mann war das egal (und mir auch).

Beim morgendlichen Walken geht mein Mann manchmal mit, obwohl ich wie eine Schnecke laufe. Man muss sich das so vorstellen: Ich walke so schnell wie es eben derzeit geht und bin echt kaputt, wenn ich wieder zu Hause angekommen bin. Da ich beim Walken ins Schwitzen komme, habe ich Trainingssachen an. Mein Mann spaziert in Jeans gemütlich neben mir her. Er ist wesentlich größer als ich und hat längere Beine, so dass ich viel mehr Schritte gehen muss als er. Aber auch wenn man das bedenkt, bin ich einfach langsam. Wir geben echt ein lustiges Bild ab: Ich in Trainingssachen völlig verschwitzt und er in Jeans völlig relaxt. Meinem Mann ist das egal und er hat mal zu mir gesagt: „Ich bin deine Security, die hat auch keine Trainingssachen an." Ich finde seine Security-Begleitung super.

Auch die Betreuung im Krankenhaus hat mein Mann echt super gemacht.
Zum Beispiel hat mir das Essen im Krankenhaus nicht geschmeckt. Ich habe es einfach nicht runtergekriegt. Er hat daraufhin für mich gekocht und mir das Essen im Krankenhaus vorbeigebracht. Auch wenn ich das Essen meines Mannes leider genau wie das Krankenhausessen wieder ausgekotzt habe, fand ich es trotzdem mega toll von ihm, dass er sich die Mühe mit dem Kochen gemacht hat. Dass ich das Essen im Krankenhaus nicht bei mir behalten habe, hat wohl an dem Medikamentencocktail gelegen, den ich dort bekommen habe.
Um mich abzulenken, hat mein Mann im Krankenhaus sogar mit mir Karten gespielt, obwohl er das wirklich nicht gerne tut. Wir haben Mau-Mau gespielt. Zu einem komplexeren Spiel war ich im Krankenhaus wirklich nicht in der Lage. Mein Kopf hat sich nach der langen Narkose einfach matsche angefühlt. Ich habe bei Mau-Mau ziemlich oft gewonnen und mein Mann schwört noch heute, dass er mich nicht hat gewinnen lassen.
Als ich im Krankenhaus lag, hat mein Mann jeden Tag unsere Familie und unsere Freunde per WhatsApp über den aktuellen Stand informiert, weil ich einfach keine Kraft zum Schreiben hatte. Und das, obwohl er dies nicht gerne tut. Die sozialen Kontakte pflege überwiegend ich.
Normalerweise hätte mein Mann unsere Familie und Freunde allenfalls alle paar Tage mit „Maren geht es so mittelmäßig“ informiert. Das wäre es gewesen. Details sind in der Welt meines Mannes völlig überbewertet. Aber im Krankenhaus hat er sich richtig Mühe gegeben und unsere Familie und unsere Freunde für seine Verhältnisse echt ausführlich informiert. Unsere Familie und unsere Freunde fanden das richtig gut.

Zum Thema Krebs hat mein Mann eine eher technische Einstellung. Für ihn ist der Krebs nach jeder Operation erledigt. Der Krebs ist nach der Operation raus aus dem Körper und der Fokus liegt für ihn dann darauf, mich wieder – soweit möglich – fit zu kriegen. Sorgen macht er sich dann nicht mehr, weil der Krebs ja schließlich raus ist. Mich beruhigt diese Einstellung meines Mannes meist und mindert die Angst davor, nochmal an Krebs zu erkranken. Manchmal nützt aber selbst diese pragmatische Herangehensweise nichts und die Angst ist einfach da. Auch damit kommt mein Mann aber klar (siehe dazu Kapitel „Hast du keine Angst, dass der Krebs wiederkommt?“). Gerade die Gefühle sind nach Krebs eine echte Achterbahnfahrt (siehe dazu Kapitel „Bist du glücklich?“). So geht es jedenfalls mir und für mich ist es wichtig, dass ich mit meinem Mann darüber reden kann. Reden über die glücklichen Momente und reden über die scheiß Momente hilft mir enorm. Mein Mann hört zu und ist froh, dass ich ihn teilhaben lasse. Umgekehrt teilt er auch seine glücklichen und seine scheiß Momente mit mir – wenngleich das seltener vorkommt. Vielleicht liegt das an dem Unterschied zwischen Mann und Frau oder daran, dass ich so viel rede und mein Mann nicht zu Wort kommt …

Obwohl mein Mann nicht gerne liest, hat er jedes Kapitel dieses Buches gelesen, sobald es fertig war. Nach den ersten zwei Kapiteln meinte er: „Ganz schön viel Krebs, aber liest sich gut.“ Es hat mich gefreut, dass mein Mann meinen Schreibstil gut lesbar findet. Und seine Anmerkung, dass „ganz schön viel Krebs“ drin ist, finde ich immer noch witzig, da es ja schließlich Thema des Buches ist. Wir haben sehr gelacht und seither ist „Maren schreibt ein Buch mit ganz schön viel Krebs drin“ bei uns ein Running Gag. Dass

sich mein Mann alle Kapitel durchgelesen hat, ist echt nicht selbstverständlich. Er liest zwar unheimlich gerne Bücher und Artikel über Technik, aber im Übrigen ist er eher ein „Ich-mach-einen-weiten-Bogen-um-Bücher"-Typ.
Leider nimmt mein Mann auch technische Anleitungen nur im äußersten Notfall zur Hand. Als wir einmal aus dem Urlaub kamen, hat unsere neue Heizung eine Störung angezeigt. Das Lämpchen blinkte rot und die Heizung machte keinen Mucks. Es war echt kalt. Ich habe sofort gesagt, dass wir mal online in der Anleitung nachschauen sollten. Mein Mann hat diese Anmerkung zunächst ignoriert, auf dem Display der Heizung rumgedrückt und gebrummt, dass er doch bloß den Reset-Knopf finden müsse. Nur war dieser Knopf eben auf dem Display nicht sofort erkennbar, sondern irgendwo im Bedienfeld versteckt. Hier hat mein Mann dann ausnahmsweise mal die Bedienungsanleitung heruntergeladen und gelesen. Ich schätze, das lag daran, dass ich frierend neben ihm stand und echt Druck gemacht habe. Die Heizung lief dann wieder.
Mein Mann hat sich mein Buch also wirklich nur deshalb durchgelesen, weil ich es geschrieben habe. Zu diesem Buch hat mein Mann übrigens mal gesagt: „Da steht ja gar nichts Neues drin, ich kenn' ja schon alles." Kein Wunder, denn wir sprechen ja auch über alles. Und obwohl mein Mann schon alles kennt und echt nicht gerne liest, hat er sich trotzdem hingesetzt und alles gelesen. Ich finde das echt prima.

Eine Nachbarin hatte von meiner letzten Krebserkrankung erfahren und, als ich sie traf, zu mir gesagt: „Da kannst du aber froh sein, dass dich dein Mann nicht verlassen hat." Ich kann mit dieser Aussage so gar nichts anfangen. Wieso sollte mein Mann mich verlassen und nicht weiter mit mir zusammen sein wollen? Etwa weil ich Krebs hatte? Bin ich mit Krebs nicht mehr liebenswert, also nicht mehr wert, geliebt zu werden? Geht's noch?

Mein Mann wäre ja ein echtes Scheusal, wenn er mich wegen Krebs verlassen würde. Klar wäre das Leben für ihn sicher schöner gewesen, wenn ich keinen Krebs bekommen hätte. Aber für mich wäre das ja auch schöner gewesen. Und ich kann mich schließlich nicht einfach selbst verlassen. Wieso sollte dann mein Mann das tun? Bloß weil er es könnte?

Es mag ja sein, dass es Ehemänner gibt, die ihre Frauen verlassen, weil die Frau Krebs hat und das Leben ohne Krebspatientin für den Ehemann einfacher ist. Diese Ehemänner sind in meinen Augen einfach nur feige, weil sie sich nicht der Zeit mit und nach Krebs stellen. Umgekehrt gilt das gleiche: Wenn Frauen ihre Männer verlassen, weil diese Krebs haben, ist das natürlich genauso feige.

Mein Mann ist nicht feige, sondern stellt sich mit mir dem scheiß Krebs. Nach meiner Erfahrung unterstützen die meisten Partner von Krebspatienten ihre Frauen oder Männer, ohne diese zu verlassen. Ich finde das richtig. Sich zu trennen, weil der Partner Krebs hat, ist aus meiner Sicht keine Option. Mein Mann sieht das genauso.

Besagte Nachbarin hat aus meiner Sicht echt einen Totalschaden, wenn sie meint, dass ich froh sein müsse, dass mich mein Mann wegen Krebs nicht verlassen hat. Ich kann nur hoffen, dass sie nicht aus eigener Erfahrung sprach und nicht selbst mal wegen Krebs verlassen wurde. Das wäre für mich eine nachvollziehbare Erklärung für ihre Äußerung und das täte mir echt leid für sie.

Wenn man mal den kleinen Einschub „wegen Krebs verlassen" außer Betracht lässt, dann bleibt von der Äußerung meiner Nachbarin noch „Da kannst du aber froh sein, dass dich dein Mann nicht verlassen hat" übrig. Dies stimmt sogar, weil ich tatsächlich echt froh bin, mit meinem Mann zusammen zu sein. Ich sehe zwar keinen Grund, warum mich mein Mann verlassen sollte (und umgekehrt), aber es gibt schließlich keine Garantie für die Liebe, weder mit noch ohne Krebs. Nur Krebs sollte nun wirklich kein Trennungsgrund sein.

Impuls für mein Leben:
Der Krebs soll sich verpissen, die Liebe nicht.

Du hast Krebs überlebt, jetzt musst du aber …

(Einen Scheiß muss ich!)

Damit hatte ich nun wirklich nicht gerechnet. Wie auch? Meine ersten drei Krebserkrankungen hatte ich ja auch niemandem erzählt. Was man nicht erzählt, kann auch nicht kommentiert werden. Nach der letzten, vierten Krebserkrankung war das anders. Diese habe ich offen kommuniziert (siehe dazu Kapitel „Wieso hast du das noch nie erzählt?) und man glaubt es kaum, aber es kamen wirklich aus jeder Richtung – Familie, Bekannte, Kollegen, Nachbarn und so weiter Hinweise, was ich denn jetzt alles in meinem Alltag tun müsse. Die Tipps und Empfehlungen waren bestimmt alle gut gemeint, aber mal ehrlich: Einen Scheiß muss ich! Zudem schwingt bei den Tipps oft auch die Überzeugung/Vermutung mit, dass ich in der Vergangenheit irgendetwas falsch gemacht habe, was ich nun richtig machen müsse. Das empfinde ich als unverschämt, was ich im Kapitel „Was machst du denn für Sachen?“ näher beschreibe.

Dies sind die drei Tipps, die ich am häufigsten gehört habe:

Tipp 1: … jetzt musst du aber deine Ernährung umstellen.
Dieser Tipp ist eigentlich witzig, denn ich ernähre mich bereits seit meiner Kindheit überwiegend gesund. Aber das wusste der Ratgebende natürlich nicht. Auch wenn heute unzählige Ernährungstrends promotet werden, verstehe ich unter gesunder Ernährung Folgendes: Gemüse, Obst, Vollkorn, möglichst kein Salz, möglichst keinen Zucker, möglichst keinen Alkohol, wenig oder kein Fleisch. Ich rauche nicht. Nach viermal Krebs wäre das ja auch irgendwie bekloppt, oder?

So selbstdiszipliniert wie ein Mönch bin ich mit der Ernährung aber nicht. Mit dem Alkohol habe ich Glück, denn er schmeckt mir schlichtweg nicht. Das war schon immer so. Im Laufe der letzten Jahre meinten einige Kollegen, dass ich nur noch nicht den richtigen Wein, das richtige Bier und so weiter probiert hätte und haben mir dann ihr jeweiliges Lieblingsgetränk angeboten. Bäh, hat mir alles nicht geschmeckt und heute probiere ich auch keinen Alkohol mehr. Mein Laster ist die Schokolade, aber auch davon nehme ich keine toxische Menge zu mir. Und wenn ich mir gelegentlich einen Schokoriegel gönne, esse ich ihn mit großem Genuss ohne Rechtfertigung. Wieso sollte ich mich auch rechtfertigen? Bloß weil ich mal Krebs hatte, muss ich mir doch keine Schokolade verbieten. Eher im Gegenteil: Wenn man schon so eine scheiß Krankheit überstanden hat, schmeckt Schokolade doppelt gut!
Vielleicht fragst du dich jetzt, wieso ich denn dann Krebs bekommen habe, wenn ich mich doch überwiegend gesund ernähre. Diese Frage habe ich mir auch gestellt. Da ernähre ich mich schon gut und bekomme trotzdem Krebs. Bei meiner Ernährung hätte er doch wirklich einen großen Bogen um mich machen müssen. Wenn man Krebs mit gesunder Ernährung sicher fernhalten könnte, wäre das super. Ist aber leider nicht so. Auch gesunde Ernährung bringt keine Garantie, Krebs nicht zu bekommen (siehe dazu Kapitel „Was machst du denn für Sachen?“).
Heute bin ich der festen Überzeugung, dass ich nicht Krebs bekommen habe, obwohl ich mich gesund ernähre, sondern dass ich den Krebs viermal überlebt habe, weil ich mich gesund ernähre und großes Glück hatte.
Tipp 2: … jetzt musst du aber Sport machen.
Es soll Menschen geben, denen etwas fehlt, wenn sie nicht täglich oder zumindest mehrfach die Woche Sport treiben.

Ich gehöre definitiv nicht dazu. Mir macht es überhaupt keinen Spaß, mich zu bewegen, einfach nur damit ich mich bewege. Also Sport treiben, nur um Sport zu treiben, ist nichts für mich. Was ich allerdings gerne mache, ist, mich mit einem Ziel fortzubewegen, also zum Beispiel zu Fuß zum Bäcker zu gehen oder mit dem Fahrrad zur Apotheke zu fahren. Das mache ich gerne, weil es sich dann für mich nicht wie Sport anfühlt.

Natürlich weiß ich, dass Bewegung wichtig ist. Dies gilt um so mehr nach einer (Krebs-)Operation. Um wieder fit zu werden, habe ich so einiges an Sport gemacht. Keinen, den die muskelbepackten Trainer auf YouTube zeigen, sondern eher Reha-Sport – so wie es eben nach der Operation ging. Es geht jeden Tag besser, aber so fit wie vorher bin ich leider noch nicht. Klar mache ich regelmäßig moderaten Sport; nicht, weil ich Sport toll finde, sondern weil es leider vernünftig ist, sich regelmäßig zu bewegen.

Mittlerweile gehe ich wieder mehrmals wöchentlich morgens Walken – ja, mit Stöcken und ja, es sieht komisch aus. Durch das Walken werden ich und mein Körper wach, was ich prima finde. Da ich einen Schreibtischjob habe, habe auch ich „Rücken". Daher mache ich regelmäßig Gymnastik, wie etwa Pilates, die dem Rücken und damit auch mir guttut. Und Line Dance habe ich für mich entdeckt, was mir in der Gruppe echt Spaß macht. Diese Dinge habe ich auch schon vor der letzten Krebserkrankung gemacht. Und ändern möchte ich daran nichts.

Eine Nachbarin meinte, dass ich jetzt aber mal Sport treiben müsse, bei dem man richtig schwitzt. Ob Sport, bei dem man nicht schwitzt, schlechter ist als Sport, bei dem man schwitzt, weiß ich gar nicht. Es ist mir auch egal, denn ich habe ohnehin keine Wahl: Ich schwitze bereits, wenn ich nur den Arm anhebe. Man kann sich also vorstellen, dass meine Schweißdrüsen bei dem moderaten Sport, den ich mache, in Überproduktion gehen. Liebe Nachbarin: ja, ich schwitze wie ein Stier.

Ob mit Krebsvorerkrankung oder ohne, Sport ist immer eine gute Idee. Auch wenn ich keine Sportskanone bin, habe ich moderaten Sport für mich gefunden. Den mache ich allerdings nicht, weil ich das jetzt nach Krebs machen muss, sondern weil ich es will.

Und wenn ich mal keine Lust auf Sport habe? Dann mache ich auch keinen. Ohne Rechtfertigung. Einfach weil ich gerade keine Lust dazu habe. Die Freiheit nehme ich mir, erst recht nach Krebs.

Tipp 3: … jetzt musst du aber deinen Stress reduzieren.

Den Tipp, dass ich ab jetzt meinen Stress reduzieren müsse, habe ich nach meiner letzten Krebserkrankung schon unzählige Male gehört. Ich habe das Gefühl, dass der Stress in unserer Gesellschaft für alles Mögliche herhalten muss. Hat jemand Kopfschmerzen, dann ist es der Stress. Hat jemand eine Nackenverspannung, dann ist es der Stress. Hat jemand schlechte Laune, dann ist es der Stress. Hat jemand Krebs, dann ist es der Stress. Den Tipp, dass ich meinen Stress reduzieren müsse, kommt insbesondere von Menschen, die mich gar nicht gut kennen. Diese Menschen wissen also gar nicht, ob ich gestresst bin oder nicht.

Klar, Stress ist sicherlich nicht gut für die Gesundheit. Aber Stress verursacht ja nun auch nicht unmittelbar zwingend Krebs. Wenn jemand Stress hat, denkt die Zelle im Körper ja nicht automatisch: „Super, die Person hat gerade Stress, dann wandle ich mich doch jetzt mal von einer gesunden Zelle in eine Krebszelle um.“ Oder umgekehrt: Wenn jemand keinen Stress hat, dann denkt die Zelle im Körper nicht: „Och schade, die Person hat keinen Stress. Da kann

ich mich ja jetzt leider nicht in eine Krebszelle umwandeln." Würde Stress zwingend Krebs verursachen, müssten aus meiner Sicht sehr viel mehr Menschen Krebs haben. Ich kenne so viele, die deutlich mehr gestresst sind als ich und die haben alle keinen Krebs. Und wenn man bedenkt, dass ich ihn schon viermal hatte, was ja sehr selten ist, dann müsste ich eine der meistgestressten Personen weltweit sein. Zugegeben, manchmal fühle ich mich als die meistgestresste Person auf der Welt, etwa wenn mein Mann mal wieder seine Alternativaufgaben erledigt (siehe hierzu Kapitel „Da kannst du aber froh sein, dass dich dein Mann nicht wegen Krebs verlassen hat"), aber das ist schließlich kein Dauerzustand.
Aus meiner Sicht habe ich Stress wie die meisten anderen auch. Es gibt bei mir Phasen mit Stress und Phasen ohne Stress. Letztlich kann ich mir auch nicht vorstellen, dass ich der gestressteste Mensch auf der Welt bin. Ich mache ja schließlich PMR (siehe dazu Kapitel: „Hast du schon mal PMR ausprobiert?")!
Den Tipp, den Stress zu reduzieren, empfinde ich als recht übergriffig. Darin scheint die Erkenntnis mitzuschwingen, dass Krebs zwingend durch Stress verursacht wird. Zugleich scheint der „Tipp" einen kleinen Vorwurf zu enthalten, so nach dem Motto „Tja, wenn du nicht so viel Stress gehabt hättest, dann hättest du auch keinen Krebs bekommen." Wenn Stress wirklich der alleinige Auslöser von Krebs wäre, dann würde ich ab sofort dauerhaft in der Hängematte am Strand liegen. Obwohl … nee, das wäre mir zu langweilig und Langeweile stresst mich wirklich.
Ich habe den Eindruck, dass der „Tipp" mit dem Stressabbau immer dann kommt, wenn die Person nicht weiß, was sie sagen soll. Manchmal habe ich aber auch das Gefühl, dass die Person, die mir gerade den „Tipp" mit dem

Stressabbau gibt, gerade selbst sehr gestresst ist und der Tipp eher an sich selbst als an mich gerichtet ist. Für mich gilt, dass jeder für sich selbst erkennen sollte, wann sein persönliches Stresslevel erreicht ist, das heißt, wann das eigene Tun zu einer körperlichen oder seelischen Belastung wird.

Ich habe mal gehört, dass es positiven und negativen Stress gibt. Für mich passt das. Ich verbinde mit positivem Stress „angenehme Anstrengung mit Spaß“ und mit negativem Stress „unangenehme Anstrengung“. Krebs geht leider nicht ohne unangenehme Anstrengung, wobei dies im Vergleich zu dem, was man bei einer Krebserkrankung so durchmacht, die Untertreibung des Jahres ist. Jetzt in der Zeit nach Krebs überwiegt für mich meist wieder der Spaß. Und sollte damit positiver Stress verbunden sein, geht das für mich in Ordnung.

Die „Jetzt-Musst-Du-Aber“-Sager meinen es gut. Ich denke, sie wollen halt irgendeinen Tipp geben für ein besseres Leben nach Krebs. Für mich passt „Du hast Krebs überlebt, jetzt musst du aber ...“ nicht. Ich finde, ich muss gar nichts (außer irgendwann sterben, wie alle Menschen). Erst recht muss ich nichts, bloß weil ich Krebs hatte. Wenn ich etwas tun möchte, dann tue ich es; wenn nicht, dann nicht – ganz unabhängig von Krebs.

Impuls für mein Leben:
Müssen muss ich gar nichts
(außer sterben, aber bitte nicht heute).

Das nennt man Wundheilungsstörung.

(Aha. Ich nenne das Loch im Bauch.)

Als wenn das vierte Mal Krebs nicht genug wäre, habe ich nach der letzten Krebsoperation noch eine extra Portion Scheiße dazubekommen. Sieben Tage nach meiner Operation wegen Gebärmutterkrebs bin ich aus dem Krankenhaus entlassen worden. Das war ein toller Tag, da vor der Entlassung endlich die letzten Schläuche und Zugänge aus meinem Körper entfernt wurden und zu Hause sowieso alles viel schöner ist als im Krankenhaus. Ist ja klar.
Ich war wieder zu Hause! Ein super Gefühl! Vor der Entlassung aus dem Krankenhaus hat sich der Arzt natürlich auch meine Wunde angesehen und eine frische Wundauflage draufgemacht. Ich habe da nicht hingesehen (igittigitt, nee, also alles muss ich mir nun wirklich nicht antun ...), aber der Arzt hat gesagt, dass er sehr zufrieden mit der Wunde sei, sie sei zu und verheile gut. Das waren doch top Nachrichten.

An den ersten zwei Tagen zu Hause lief auch alles soweit gut. Zwar habe ich mich noch wie eine Schnecke bewegt und überwiegend im Bett gelegen, weil mehr einfach nicht drin war. Stehen war nur in gekrümmter Haltung möglich und der Bauch hat schon auch weh getan. Treppensteigen war äußerst mühsam. Duschen ging auch noch nicht, also habe ich mich vor dem Waschbecken sitzend mit einem Waschlappen gewaschen. Ohne ins Detail zu gehen: Duschen ist schöner. Mag ja sein, dass Waschlappen ihre Berechtigung haben, ich mag die Dinger jedoch nicht. Trotz dieser Umstände war ich aber glücklich, wieder zu Hause zu sein und bin fest davon ausgegangen, dass es von jetzt an nur noch aufwärts geht.

Dann kam die dritte Nacht zu Hause: Ich bin aufgewacht und habe gleich gemerkt, dass irgendwas nicht stimmt. Intuitiv habe ich meinen Bauch berührt und gefühlt, dass die Wundauflage durchgesifft war. Aufgrund der Größe meiner Narbe hatte ich so etwas Ähnliches wie eine Windel auf dem Bauch und diese war nun an einer Stelle deutlich sichtbar feucht. Es war kein Blut zu sehen, eher helle Flüssigkeit.
Ihr könnt euch vorstellen, dass ich ziemlich panisch war und sofort meinen Mann geweckt habe. Der hat mich dann nachts um 3 Uhr in die Klinik gefahren. Dort hat der diensthabende Arzt die Wundauflage geöffnet und erst einmal nur „oh" gesagt. Das hat nicht gerade zu meiner Beruhigung beigetragen. Dann hat er ein bisschen an meiner Narbe rumgedrückt. Anschließend hat der Arzt seinen Zeigefinger ausgestreckt und den ganzen Finger etwas unter meinem Bauchnabel in meinen Bauch reingesteckt. Okay, es war nicht der ganze Finger, sondern „nur" drei Viertel des Zeigefingers. Mein Mann erzählt heute noch davon, wie gruselig er es fand, dass der Arzt einfach so seinen Finger in meinen Bauch stecken konnte.
Weh getan hat das nicht, dennoch fand ich es alles andere als lustig. Als der Arzt seinen Finger wieder aus meinem Bauch rausgenommen hatte, meinte er: „Das nennt man Wundheilungsstörung." Ich dachte mir nur, dass „Wundheilungsstörung" irgendwie so harmlos klingt. Ich würde das eher als „Loch im Bauch" bezeichnen, denn das war es für mich auch. Meine Operationsnarbe hatte sich etwas unterhalb des Bauchnabels auf einer Länge von fünf Zentimetern und einer Tiefe von vier Zentimetern geöffnet, die übrige Narbe war zu. Es hat nichts geblutet, die Operationsnarbe war einfach auf und man sah … nun ja, was man eben sieht, wenn sich eine Narbe öffnet. Medizinisch gesehen war das Loch nicht „in" meinem Bauch, weil das Loch vor meinen

Bauchmuskeln endete, aber „Loch im Bauch“ trifft es einfach für mich als Laien.

In meiner pragmatischen Art habe ich dem Arzt dann vorgeschlagen, dass er das Loch dann jetzt gerne wieder zunähen könne. Der Arzt hat mich angeschaut, als hätte ich nicht mehr alle Tassen im Schrank. Er erklärte mir dann, dass man eine Wundheilungsstörung nicht einfach wieder zunähen könne. Die Wunde müsse von allein heilen, indem sie von unten nach oben zuwächst.

Ich habe den Arzt natürlich gefragt, wie lange das denn dauert und habe gedacht, es sei in ein paar Tagen erledigt. Der Arzt hat nur gesagt, dass man das im Vorhinein nicht sagen könne, aber dass ich schon mit zwei bis drei Wochen rechnen müsse. Zwei bis drei Wochen? So lange mit offener Operationsnarbe im Bauch? Ist der irre? Geduld ist nicht meine stärkste Charaktereigenschaft und zwei bis drei Wochen fand ich wirklich echt lang. Hätte ich damals gewusst, dass der ganze Schlamassel fast drei Monate andauert, ich wäre ohnmächtig vom Stuhl gekippt.

Als die vom Arzt prognostizierten drei Wochen rum waren und mein Loch im Bauch immer noch vorhanden war, habe ich den Arzt bei einem Kontrolltermin angesprochen und gesagt, dass das mit den drei Wochen doch leider etwas zu optimistisch war. Daraufhin entgegnete er, dass er so ein großes Loch vorher noch nie gesehen habe und dass für ihn von Anfang an klar gewesen sei, dass die Heilung mehrere Monate dauern werde.

Nee, ist klar. Entweder der Arzt hat mich wider besseren Wissens angelogen, als er mir gesagt hat, dass es zwei bis drei Wochen dauern würde oder er kann sich nicht mehr an seine Aussage bezüglich der zwei bis drei Wochen erinnern oder er kann sich seine Fehleinschätzung nicht eingestehen. Alle Varianten finde ich blöd.

Als Patientin möchte ich immer die Wahrheit mitgeteilt bekommen – auch wenn sie nicht schön ist. Es geht ja schließlich um meinen Körper und da ist mir sehr wichtig, umfassend zu wissen, was los ist. Dass man mich nicht schonen muss, kommuniziere ich auch offen mit allen Ärzten und bisher hat mich auch niemand angelogen oder Dinge beschönigt. Sollte das bei diesem Arzt anders gelaufen sein, hat er mir wohl nicht richtig zugehört.
Sofern sich der Arzt nicht mehr daran erinnert haben sollte, dass er seinerzeit von einer Heilungsdauer von zwei bis drei Wochen ausging, halte ich diese Erinnerungslücke für bedenklich. Und wenn er nicht zugeben kann, dass er sich verschätzt hat, finde ich das einfach nur armselig. So oder so werde ich diesen Arzt wohl nicht vergessen, weil er halt eben seinen Zeigefinger unter meinem Bauchnabel in meinen Bauch gesteckt hat und ich dieses Bild seither in meinem Kopf habe. Meinem Mann geht es da genauso.
Meine Wundheilungsstörung musste natürlich medizinisch versorgt werden. Alle paar Stunden musste die Wundauflage getauscht und mehrmals täglich das Loch im Bauch mit einer Spülung gereinigt werden. Außerdem musste das Loch mit einer Art Stoffpfropfen versehen werden, der auch regelmäßig getauscht werden musste. Mit ein wenig Verrenkung hätte ich das alles vielleicht auch selber hingekriegt, aber mein Mann war so nett und hat das übernommen. Toll war das für ihn nicht, alle paar Stunden mit medizinischem Besteck in meinem offenen Bauch rumzuwühlen.
Unser Wohnzimmer glich in dieser Zeit eher einem Operationssaal und war weit weg von einer Wohlfühloase. Auf dem Sideboard standen die ganzen Utensilien von medizinischem Besteck über Wundauflagen bis zu allerlei Pflastern und Flüssigkeiten sowie diverse Desinfektionsmittel. Ein

Freund, der uns besuchte, sagte dazu: „Man könnte meinen, ihr eröffnet eine Apotheke oder ihr dreht einen Horrorfilm.“ Beides wäre mir lieber gewesen.
Vielleicht klingt das alles easy-peasy, war es aber nicht. Denn die Wunde heilte extrem langsam und es gab Phasen, da hat sich tagelang gar nichts verbessert. Bei meiner (nicht vorhandenen) Geduld war das schon frustrierend. Außerdem fühlte ich mich nicht gerade als hinreißend sexy Frau, wenn mein Mann die Wunde gepflegt hat. Wenn ich an schöne Szenen mit meinem Mann denke, stelle ich mir nicht vor, wie er mir ein Operationsloch mit einer Flüssigkeit ausspült und anschließend eine Art Stoffpfropfen in das Loch im Bauch stopft. Nee, ehrlich, sexy ist anders!

Klar gehört die gegenseitige Unterstützung zu einer guten Beziehung dazu und man verspricht sich bei der Eheschließung ja auch „in guten und in schlechten Zeiten“ füreinander da zu sein. Unabhängig davon, dass wir uns dies bei der Eheschließung gar nicht versprochen hatten, habe ich damals wirklich nicht daran gedacht, dass „schlechte Zeiten“ irgend etwas mit einem Loch im Bauch zu tun haben könnten. Im Zeitpunkt unserer Eheschließung bin ich sowieso davon ausgegangen, dass uns keine „schlechten Zeiten“ mehr treffen, denn zum damaligen Zeitpunkt hatte ich bereits zweimal Krebs gehabt und bin fest davon ausgegangen, dass es das mit Krebs jetzt aber war. Die schlechten Zeiten waren also abgehakt und konnten allenfalls darin bestehen, dass zum Beispiel meine Lieblingsserie im Fernsehen abgesetzt wird oder etwas in der Art. Mit Krankheiten war ich durch, und dass mein Mann bei mir mal einen Stoffpfropfen in ein Operationsloch in meinem Bauch stopft, war einfach undenkbar. Nun ja, es kommt halt manchmal anders, als man denkt.

Die Heilung der Wunde musste alle zwei Tage von einem Pflegedienst und einmal in der Woche von einem Arzt überprüft werden. Der Pflegedienst kam zu uns nach Hause. Das ist auch der Grund, weswegen wir die ganzen Utensilien für die Wundversorgung im Wohnzimmer aufbewahrt hatten – so musste der Pflegedienst nicht die Treppe hoch ins Schlafzimmer.

Vor der Krebsoperation habe ich schon damit gerechnet, dass auch vor unserer Tür irgendwann mal ein Auto eines Pflegedienstes stehen würde. Aber doch erst später in vielen, vielen Jahren, wenn wir alt sind. Dass ich im Alter von 49 Jahren einen Pflegedienst brauche, hatte ich mir nicht vorgestellt. Auch wenn ich froh war, dass ich überhaupt einen mit freien Kapazitäten gefunden hatte (ich habe circa 25 Pflegedienste abtelefoniert!), und auch, wenn der Pflegedienst einfach nur spitze war und mich sehr gut betreut hat, so war es doch ein komisches Gefühl, auf eine solche Hilfe angewiesen zu sein.

Bislang habe ich immer gedacht, nur Alte und Gebrechliche brauchen einen Pflegedienst. Alt bin ich doch nun wirklich noch nicht und gebrechlich auch nicht. Also war ein Pflegedienst für mich weit weg. Nun ja, ich weiß jetzt, dass man ihn auch bei einem Loch im Bauch braucht.

Nach drei Monaten war die Narbe zu und für mich hat mein Körper da ein kleines Wunder hingekriegt. Man sieht von der ehemaligen Wundheilungsstörung nämlich gar nichts. Die Narbe sieht aus wie mit dem Lineal gezogen. Hässlich, aber gerade (siehe dazu Kapitel „Die Narbe gehört jetzt zu dir.“). Dass der Körper in der Lage ist, ein Loch selbst zu schließen, wusste ich vorher nicht und finde das echt mega. Von einer Wundheilungsstörung hatte ich vorher noch nie etwas gehört. Meine bisherigen Operationsnarben sind bisher immer wunderbar verheilt. Gebraucht hätte ich diese Erfahrung nun wirklich nicht. War einfach nur scheiße und es hat auch einige Zeit gedauert, bis ich mich gegenüber meinem Mann nicht mehr als Pflegefall, sondern als Ehefrau gefühlt habe. Aber diese Zeit mit dem Loch im Bauch ist nun auch vorbei. Die Narbe ist zu – und zwei bis drei Wochen haben eben drei Monate gedauert.

Impuls für mein Leben:
Manchmal dauern zwei bis drei Wochen auch drei Monate.

Sie müssen mal etwas positiver denken!

(Was bitte ist denn an Krebs positiv?)

Von einigen gutgemeinten Ratschlägen aus dem Freundes- und Bekanntenkreis habe ich ja schon berichtet (siehe dazu Kapitel „Du hast Krebs überlebt, jetzt musst du aber …“). Den Oberknaller-Ratschlag habe ich aber nicht von einem Freund oder Bekannten bekommen, sondern von Krankenschwester Sigrid.

Aufgrund der Wundheilungsstörung war ich regelmäßig zur Kontrolle im Krankenhaus bei dem Chirurgen, der mich wegen Gebärmutterkrebs operiert hat (siehe dazu Kapitel „Das nennt man Wundheilungsstörung“). Meine Wundheilungsstörung war gerade erst seit ein paar Tagen aufgetreten und meine Operation war auch erst zwei Wochen her, da saß ich zur Kontrolle der Wunde im Wartezimmer des Chirurgen. Es war sehr früh morgens und ich hing wie ein Drops auf dem Stuhl im Wartezimmer. Mein Bauch tat weh, ich hatte schlecht geschlafen und der Weg vom Auto zum Wartezimmer hatte mich voll geschlaucht. Ohne Unterstützung meines Mannes hätte ich es nicht bis zum Wartezimmer geschafft.

Auch mit dem Umstand, dass ich jetzt schon wieder Krebs hatte, kam ich seelisch noch überhaupt nicht klar. Um ehrlich zu sein, damit komme ich manchmal auch heute noch nicht wirklich zurecht. Ist ja auch krass – viermal! Nun saß ich also im Wartezimmer und war sowohl körperlich als auch seelisch echt fertig. Ich hatte mich bereits bei Schwester Sigrid angemeldet und wartete nun darauf, vom Arzt herein gerufen zu werden.

Das Wartezimmer war so eine Art Durchgangszimmer; das heißt, wollte man vom Empfang in den Flur zur restlichen Klinik, musste man durchs Wartezimmer gehen. Offensicht-

lich wollte Schwester Sigrid in der Klinik irgendwo hin, denn sie verließ den Empfang und durchquerte das Wartezimmer. Kurz bevor sie den Klinikflur erreichte, drehte sie sich um und sagte zu mir „Was ich ihnen schon die ganze Zeit mal sagen wollte: Sie müssen mal etwas positiver denken!“ Bevor ich etwas sagen konnte, drehte sie sich um und war weg.
In dem Moment fühlte ich mich, als wenn Schwester Sigrid mir in den frisch operierten Bauch geboxt hätte. Volle Pumpe in die Magengrube. Ich habe die Welt nicht mehr verstanden. Was soll ich denn bitte an meiner Situation positiv sehen? Sorry, man hat mir vor wenigen Tagen den Bauch aufgeschnitten, Organe entfernt, Krebs rausgeholt. Außerdem habe ich eine Wundheilungsstörung mit riesigem Loch im Bauch, zudem echt Schmerzen, kann mich kaum bewegen und auch seelisch geht es mir beschissen. Und ich soll jetzt positiver denken? Wie soll das denn gehen?

Mir ist bis heute nicht klar, warum Schwester Sigrid das zu mir gesagt hat. Unhöflich war ich jedenfalls nie zu ihr und gejammert habe ich ihr gegenüber auch nicht. Dennoch scheint sie den Eindruck gehabt zu haben, dass ich eine besonders negative Einstellung gehabt habe. Als ich mich an jenem Tag bei Schwester Sigrid angemeldet habe, habe ich auf die Frage von ihr, wie es mir geht, nicht mit „Supertoll. Es geht mir grandios“, sondern mit „Es geht so“ geantwortet. Vielleicht war ihr das nicht positiv genug.
Wenn Schwester Sigrid meint, dass sie nach einer Krebsdiagnose weiter fröhlich durch die Welt hüpfen würde, prima. Schön für sie. Krieg’ erst mal Krebs, dann sehen wir weiter.
Vielleicht kennt Schwester Sigrid auch Krebspatienten, die deutlich fröhlicher waren als ich. Das ist schön für diese

Patienten – wenngleich Schwester Sigrid ja auch nicht weiß, ob sich diese Patienten nachts in den Schlaf weinen.
Wenn ich mich mit anderen Patienten vergleiche, dann sehe ich nicht, dass ich mich besonders habe hängen lassen. Und selbst wenn ich mich hätte hängen lassen … na und? Wieso darf ich mich nach einer Krebsdiagnose nicht hängen lassen? Letztlich geht jeder mit seiner Krebsdiagnose anders um und wenn ich einen negativen Eindruck gemacht haben sollte, dann wohl deshalb, weil es mir auch echt beschissen ging.
Ich verstehe nicht, warum man in allen Dingen stets das Positive sehen soll. Wenn etwas richtig scheiße ist, dann ist das eben richtig scheiße. Und wenn ich mich richtig mies fühle, wieso darf man mir das dann nicht ansehen? Dieses „In Allem etwas Positives sehen" geht mir auf den Zeiger. Echt.

Kürzlich habe ich im Fernsehen ein Interview mit einer Frau gesehen, die seit einem Unfall querschnittsgelähmt im Rollstuhl sitzt. Diese Frau hat gesagt: „Der Unfall war das Beste, was mir passieren konnte. Ich habe meinen Mann in der Reha kennengelernt und wir haben einen wunderbaren Sohn."
Ehrlich, ich freue mich sehr für diese Frau, und dass sie mit ihrem neuen Leben so zufrieden ist. Für mich ist es dennoch befremdlich, wenn sie sagt, dass der Unfall das Beste war, was ihr hätte passieren können. Ich verstehe, dass sie glücklich ist, ihren Mann kennengelernt und einen gemeinsamen Sohn zu haben, aber vielleicht hätte sie ihren Mann ja auch ohne den Unfall getroffen, zum Beispiel an der Supermarktkasse. Ein Unfall als großes Glück anzusehen fällt mir schwer, aber das muss diese Frau letztlich mit sich selbst ausmachen.

Meine Krebserkrankungen empfinde ich jedenfalls nicht als das Beste, was mir passieren konnte. Im Gegenteil: Es ist das Schlimmste, was mir im Leben passiert ist. Das Allerallerschlimmste. Ich sehe darin rein gar nichts Positives und ich lasse mir auch nicht einreden, dass ich daran irgendetwas Positives zu sehen habe. Was soll denn an Krebs positiv sein? Dass ich überlebt habe? Ja, das ist ein großes Glück, aber das Überleben macht das Leben gut und nicht den Krebs positiv.
Wenn ich im Wartezimmer nicht so perplex gewesen wäre, hätte ich zu Schwester Sigrid gesagt: „Sie wissen schon, dass es jetzt das vierte Mal Krebs bei mir ist, oder?" oder ich hätte gesagt: „Wir können gerne mal tauschen." Diese Antworten sind mir in der Situation aber leider nicht eingefallen. Gerne hätte ich das Gesicht von Schwester Sigrid gesehen, wenn ich so geantwortet hätte.
Vielleicht hatte die Äußerung von Schwester Sigrid auch gar nichts mit mir zu tun. Möglicherweise hatte sich Schwester Sigrid selbst vorgenommen, die Dinge in ihrem Leben ein bisschen positiver zu sehen und nun hat sie dies einfach mal auf mich projiziert. In diesem Fall wünsche ich Schwester Sigrid, dass sie die Dinge bald so sieht, wie sie es sich wünscht.
Oder Schwester Sigrid hat sich an die Patienten erinnert, denen es noch schlechter geht als mir. Nun, dass es anderen Menschen beschissener geht als mir, führt nun mal nicht dazu, dass meine Beschwerden verschwinden.
Letztlich ist es aber auch egal, was Schwester Sigrid geritten hat, mir im Wartezimmer zu sagen, dass ich etwas positiver denken soll. Ich bin nun mal ein offenes Buch und wenn es mir mies geht, sieht man mir das auch an. Ich verstecke mich nicht und ich versuche auch nicht, in allen Dingen etwas Positives zu sehen.

Das heißt nicht, dass ich nicht die guten Dinge im Leben erkenne. Es wäre ja schrecklich, wenn man das Gute im Leben nicht erkennen und schätzen würde (siehe dazu Kapitel „Bist du glücklich?“). Ich freue mich wirklich sehr über die vielen positiven Dinge in meinem Leben, nur gehört halt Krebs ganz sicher nicht dazu. Krebs ist einfach nur scheiße, da gibt es gar nichts Positives dran.

Impuls für mein Leben:
An Krebs ist nichts positiv. Gar nichts.

Wieso hat der Arzt den Krebs nicht früher erkannt?

(Weil er Tomaten auf den Augen hatte.)

Nein, Ärzte sind keine Halbgötter in Weiß, sie sind auch keine Viertelgötter oder überhaupt irgendein ärztlicher Gott. Ärzte sind auch nur Menschen und Menschen machen Fehler. Das ist leider so und hätte mich fast das Leben gekostet. Von den viermal Krebs, die ich hatte, wurde der Krebs einmal sofort und dreimal fast zu spät erkannt.
Als ich Leukämie im Kindesalter hatte, sind meine Eltern zum Kinderarzt gegangen, weil sie nicht wussten, was mit mir los ist. Sie haben zum Kinderarzt gesagt, dass ich mich verändert habe und etwas nicht mit mir in Ordnung sei. Der Kinderarzt hat daraufhin gesagt: „Stellen Sie sich nicht so an. Sie sind überbesorgt, aber das ist typisch bei Eltern von Einzelkindern. Ihr Kind hat nichts."
Zum Glück sind meine Eltern hartnäckig geblieben, sind zu einem anderen Kinderarzt gegangen und der hat dann die Leukämie festgestellt. Ich mag gar nicht daran denken, was passiert wäre, wenn sich meine Eltern damals hätten abwimmeln lassen und meine Leukämie nicht erkannt worden wäre. Es geht halt nichts über den elterlichen Instinkt.

Meine zweite Krebserkrankung, der erste Schilddrüsentumor, wurde zufällig entdeckt. Ich hatte eine Schilddrüsenüberfunktion und meine Schilddrüse sollte entfernt werden. Da ich damals mein Studium gerade erst im ersten Semester angefangen hatte, habe ich den Arzt gefragt, ob ich das Semester noch beenden und die Operation in den Semesterferien machen könne. Er sagte, dass das gar kein Problem sei, da es ja nur eine Schilddrüsenüberfunktion und kein Krebs sei. Darauf habe ich mich verlassen.

Wie besprochen, habe ich das erste Semester beendet und wurde in den Semesterferien operiert. Während der Operation wurde dann mein Schilddrüsentumor entdeckt. Und klar habe ich mir die Frage gestellt, was gewesen wäre, wenn man ihn nicht erst zufällig bei der Operation, sondern schon früher entdeckt hätte. Ich hätte dann nicht erst noch das Semesterende abgewartet und wäre früher operiert worden. Vielleicht wäre der Schilddrüsentumor dann kleiner gewesen und das Risiko, dass er gestreut hat, wäre ebenfalls kleiner gewesen. Vielleicht hätte ich mir dann die Strahlentherapie ersparen können, vielleicht aber auch nicht.

Bemerkenswert war allerdings, wie ich von diesem Tumor in meiner Schilddrüse erfahren habe: Meine Operation fand vormittags statt und nachmittags lag ich schon wieder auf Station in einem Zweibettzimmer. Die Patientin neben mir war ebenfalls am Vormittag operiert worden, allerdings nicht an der Schilddrüse, sondern wegen eines Leistenbruchs. Ich war gesetzlich krankenversichert und die Patientin neben mir war privat krankenversichert. Privatpatienten hatten schon damals einen besseren Betreuungsschlüssel als Kassenpatienten, denn am Nachmittag unseres OP-Tages kam ein Arzt in unser Zimmer und redete mit meiner Bettnachbarin über den guten Verlauf ihrer Leistenbruchoperation.

Zu mir wollte der Arzt offensichtlich nicht. Als der Arzt mit dem Gespräch mit meiner Mitpatientin fertig war, ging er zur Tür. Ich dachte noch, dass er ein komischer Typ sei, weil er mich noch nicht einmal begrüßt hatte. Dann drehte sich der Arzt um und sagte zu mir: „Zu Ihnen komme ich dann morgen zur normalen Visite. Ach übrigens, bei Ihnen haben wir einen bösartigen Schilddrüsentumor gefunden." Der Arzt öffnete daraufhin schnell die Tür und verließ das Zimmer.

Ich habe erst gar nicht begriffen, was der Arzt da gerade zu mir gesagt hatte. Die Nachricht sickerte nur ganz langsam durch und kam erst in den nächsten Minuten so richtig bei mir an. Als ich dann begriff, dass ich wirklich zum zweiten Mal Krebs habe, war ich völlig fertig und hilflos. Was bedeutet das jetzt für mich? Wie geht es weiter? Muss ich jetzt sterben?

Am nächsten Tag haben sich die Ärzte dann Zeit für mich genommen und wir haben das weitere Vorgehen besprochen. Diesen einen Tag im Krankenhaus, als mir der Arzt einfach so zwischendurch gesagt hat, dass ich einen Schilddrüsentumor habe, werde ich sicherlich nicht mehr vergessen. Aus meiner Sicht war dieser Arzt ein echter Vollpfosten.

Mein zweiter Schilddrüsentumor wurde während einer Krebsnachsorgeuntersuchung festgestellt. Ganz klassisch. So wie es sein soll.

Jetzt würde man meinen, für ein Leben reiche es, dass meine Leukämie zuerst nicht erkannt wurde und ich mit meinem ersten Schilddrüsentumor bis zum Semesterende rumgelaufen bin. Aber es kam noch dicker: Meine letzte Krebserkrankung, der Gebärmutterkrebs, wurde über mehrere Monate nicht erkannt, sodass nicht mehr viel gefehlt hätte und ich daran gestorben wäre. Das war richtig knapp und echt kacke.

Ich war immer recht schlank und als mein Bauch dicker wurde, habe ich mich schon gewundert. Schließlich habe ich mich ja seit Jahren gleich ernährt und so richtig verstanden habe ich nicht, warum mein Bauch dicker geworden ist. Da ich anfangs keine Beschwerden hatte, habe ich mir zunächst auch keine weiteren Gedanken darüber gemacht.

Dann bin ich eben etwas dicker. Egal. Schließlich habe ich zunächst auch noch in die meisten meiner Hosen gepasst. Nach einigen Wochen fingen dann aber die Beschwerden an. Ich hatte ein schmerzendes, drückendes Gefühl im Bauch, wie bei unangenehmen Blähungen. Irgendetwas schien nicht in Ordnung zu sein.

Zunächst war ich beim Hausarzt, der mich zur Magen-Darm-Spiegelung schickte. Dort hat man zum Glück nichts festgestellt. Allerdings gab man mir dort die Empfehlung, zukünftig auf blähende Nahrungsmittel zu verzichten. Das habe ich umgesetzt, aber mein Bauch blieb dick und das schmerzhafte Blähgefühl ging auch nicht weg. Im Nachhinein ist das auch völlig logisch, denn ich hatte ja nichts am Magen oder Darm, sondern einen fetten Tumor in der Gebärmutter, der auf diverse Organe drückte. Das wusste ich aber zum damaligen Zeitpunkt noch nicht.

Später war ich bei meinem Frauenarzt, der mich seinerzeit schon mehr als zehn Jahre betreute. Ich habe ihm von meinen Beschwerden erzählt und er meinte, dass das drückende Gefühl von meinem Myom komme. Ein Myom ist ein gutartiger Knoten, der bei mir an der Gebärmutter saß. Dieses Myom war schon seit vielen Jahren bekannt und störte bislang weder den Arzt noch mich. Nun war also dieses Myom schuld an dem schmerzhaften Blähgefühl.

Der Arzt meinte dann weiter, dass sich das Myom in den Wechseljahren, die bei mir ja in den nächsten Jahren anstünden, ganz wahrscheinlich zurückbilden würde, sodass dann auch meine Beschwerden automatisch verschwinden würden. Man könne zwar jetzt das Myom entfernen, aber ich solle mir das gut überlegen, weil es schließlich eine Operation und somit einen Eingriff in den Körper bedeute. Wenn ich mit den Beschwerden bis zu den Wechseljahren leben könne, dann würde er von der Operation abraten.

Wörtlich sagte er: „Sie können sich operieren lassen, müssen aber nicht."
Als ich dem Arzt daraufhin erklärte, dass auch mein Bauch dicker geworden sei, meinte er, dass das nicht am Myom liege, sondern einfach altersbedingt sei. In meinem Alter (damals war ich 49 Jahre alt) würden Frauen halt etwas dicker, das sei normal. Also verließ ich die Arztpraxis in der Gewissheit, dass der Bauch altersbedingt dicker geworden ist. Zugleich stellte ich mir die Frage, ob ich mir das Myom entfernen lassen sollte oder nicht.
Die Entscheidung, mein Myom wegoperieren zu lassen, habe ich mir wirklich nicht leicht gemacht, zumal ich ja nun wirklich schon genug Operationen in meinem Leben gehabt hatte. Die bisherigen Operationen waren alle zwingend notwendig gewesen und ich wollte meinem Körper nicht eine weitere Operation antun, wenn diese nicht medizinisch indiziert wäre. Zum ersten Mal in meinem Leben habe ich mir eine schriftliche Pro-und-Contra-Liste gemacht. Ich habe mir sogar ein Buch zum Thema Myome gekauft, aber dort stand auch nichts drin, was mir die Entscheidung erleichtert hätte. Letztlich habe ich mich für die Myom-Operation entschieden, weil ich nicht dauerhaft bis zu den irgendwann eintretenden Wechseljahren Schmerzen im Bauch haben wollte.
Da klar war, dass mein dickerer Bauch nichts mit dem Myom zu tun hatte, habe ich mir vor der Myom-Operation noch neue Hosen gekauft. Die alten Hosen hatten am Bund mittlerweile doch etwas gezwickt und da der Bauch ja nun dauerhaft so bleiben sollte, habe ich klamottentechnisch umgerüstet. Das war im Nachhinein alles Quatsch.
In Vorbereitung auf die Myom-Operation wurde eine Voruntersuchung im Krankenhaus gemacht, die dann ergab, dass meine Gebärmutter voller Krebszellen war.

Die Myom-Operation wurde abgesagt und stattdessen musste ich mich einer radikalen Bauchoperation unterziehen, in der Gebärmutter, Eileiter und Eierstöcke entfernt wurden. Meine Gebärmutter war schon so groß wie bei einer Frau, die im sechsten Monat schwanger ist. Mein dickerer Bauch war also nicht altersbedingt, sondern durch Unmengen an Krebszellen verursacht. Die Krebszellen in meiner Gebärmutter hatten schon fast die Gebärmutterwand durchfressen.
Wenn ich mich nicht für die Myom-Operation entschieden hätte, hätten die Krebszellen die Gebärmutterwand durchbrochen, wären in den Bauchraum gelangt und hätten sich von dort fröhlich in meinem Körper verteilen können. Voraussichtlich wäre ich dann in kürzester Zeit gestorben. Ich habe mir quasi mit der Entscheidung, das Myom entfernen zu lassen, das Leben gerettet. Halleluja!

Meine Freundin Hannah hat mal gefragt, warum der Frauenarzt meinen Gebärmutterkrebs nicht früher erkannt hat. Das ist eine gute Frage. Meine Gebärmutter war schließlich riesig und das hätte doch mein Frauenarzt sehen und ihn stutzig machen müssen. Der Arzt muss Tomaten auf den Augen gehabt haben. Ich bin der festen Überzeugung, dass der Arzt hier einen vermeidbaren Fehler gemacht hat. Hannah meint das auch.
Hätte der Frauenarzt fehlerfrei gearbeitet, wäre der Krebs früher erkannt worden und ich hätte nicht eine so große Operation machen lassen müssen. Wahrscheinlich hätte ich dann auch die jetzigen körperlichen Auswirkungen (siehe dazu Kapitel „Darüber spricht man nicht!“) nicht ertragen müssen. Das wäre natürlich ideal gewesen. Ist aber nicht so gelaufen. Übrigens, entschuldigt hat sich der Frauenarzt bei mir nicht. Dass er keinen Fehler zugegeben hat, ist vermut-

lich versicherungstechnisch bedingt, schwach finde ich das trotzdem.
Wenn ich daran denke, dass der Fehler des Frauenarztes fast mein Leben gekostet hätte, könnte ich ihm gehörig in die Eier treten. Da Gewalt ja nun bekanntlich keine Lösung ist, mache ich dem Frauenarzt natürlich keine Spiegeleier, sondern habe den Arzt gewechselt.
Obwohl ich Rechtsanwältin bin, habe ich den Frauenarzt nicht verklagt. Was hätte das auch bewirkt? Selbst wenn ich den gerichtlichen Prozess gewonnen hätte, hätte das Urteil den Gebärmutterkrebs nicht ungeschehen gemacht. Ich hätte mich über viele Jahre mit einem gerichtlichen Prozess beschäftigen müssen, der am Ende möglicherweise irgendeine Geldzahlung gebracht hätte; die wäre weit entfernt von den astronomischen Summen gewesen, wie man sie etwa aus den USA kennt. Meine Lebenszeit ist mir hierfür zu wertvoll. Privat halte ich mich lieber am Strand als im Gerichtssaal auf.
Die Frage, warum mein Krebs nicht früher erkannt worden und mir das alles nicht erspart geblieben ist, kommt natürlich bei mir immer mal wieder hoch. Ich finde, dass diese Frage völlig berechtigt ist. Da die Situation aber so ist, wie sie ist, und sich auch nichts daran ändert, wenn ich mir Gedanken darüber mache, was gewesen wäre, wenn der Arzt den Krebs früher erkannt hätte, versuche ich solche Gedanken wegzuschieben und mich mit schönen Dingen zu beschäftigen. Oft gelingt mir das ganz gut. Manchmal aber auch nicht und dann denke ich wieder an die Spiegeleier.

Impuls für mein Leben:
Was ändert es, darüber nachzudenken,
was gewesen wäre? Es ändert gar nichts.

Echt, du hattest Krebs? Hast du keine Versicherung gegen Krebs abgeschlossen?

(Wenn das ginge, sofort!)

Derzeit werben einige Versicherungen mit einer sogenannten „Krebsversicherung“. Inhalt dieser Krebsversicherung ist in der Regel eine Geldzahlung im Falle einer Krebserkrankung oder die Zahlung bestimmter „Vorsorgeuntersuchungen“.

Obwohl ich Versicherungen prinzipiell prima finde und der Auffassung bin, dass jeder die Versicherung abschließen sollte, die er mag, finde ich dennoch, dass die mir bekannte Werbung rund um die „Krebsversicherung“ recht irreführend ist.

Zuerst einmal schützt natürlich keine Versicherung der Welt davor, Krebs zu bekommen. Eine Lebensversicherung schützt ja auch nicht das Leben; das heißt, auch der Inhaber einer Lebensversicherung stirbt irgendwann. So wenig wie die Lebensversicherung das Leben schützt, so wenig schützt die Krebsversicherung vor Krebs.

Auch das Wort „Vorsorgeuntersuchung“ finde ich schwierig. Eine „Vorsorge“ ist nach meinem Verständnis eine Maßnahme, die dazu dient, eine spätere Notlage zu vermeiden. So kann man zum Beispiel „fürs Alter vorsorgen“, indem man – auf welche Weise auch immer – Geld anspart und somit einer Altersarmut vorbeugt. Das Wort „Vorsorgeuntersuchung“ erweckt aus meiner Sicht den Eindruck, dass man mit ihr dem Entstehen von Krebs vorbeugen kann. Das ist natürlich völliger Quatsch, denn der Krebs lässt sich von einer Untersuchung nicht aufhalten. Das wäre andernfalls ja auch echt super, wenn der Krebs denken würde: „Hey, die Person hat gerade eine Vorsorgeuntersuchung machen lassen, da gehe ich dann mal lieber nicht hin.“ Wenn dem so

wäre, wäre ich täglich bei einer solchen Vorsorgeuntersuchung. Echt!
Richtig finde ich hingegen den Begriff „Früherkennungsuntersuchung“. In diesem Wort steckt Wahrheit, weil es eine Untersuchung ist, die dazu dient, den Krebs möglichst früh zu erkennen. Das ist extrem wichtig, denn je früher der Krebs erkannt wird, desto besser sind die Heilungschancen. Aber mit „Früherkennung“ werben die Versicherungen, die ich gesehen habe, nicht. Aus Marketinggesichtspunkten klingt „Vorsorge“ ja auch viel besser als „Früherkennung“. Wer will schon, dass der Krebs (früh) erkannt wird? Da ist es doch besser „vorzusorgen“.
Als eine Arbeitskollegin erfuhr, dass ich wegen Krebs so lange nicht im Büro war, sagte sie: „Echt, du hattest Krebs? Hast du keine Versicherung gegen Krebs abgeschlossen?“ Ich habe daraufhin geantwortet: „Du, wenn es eine Versicherung gegen Krebs gäbe, wäre ich sofort dabei.“ Meine Arbeitskollegin hatte sich noch nie nähere Gedanken gemacht und glaubte im ersten Moment wirklich, dass eine Versicherung Krebs verhindern könnte. Wir haben uns dann über die uns bekannten Krebsversicherungen ausgetauscht und sind letztlich zu dem Ergebnis gekommen, dass die Versicherungen besser „Geld-wenn-du-Krebs-hast-Versicherung“ oder „Zahle-Früherkennungsuntersuchung-Versicherung“ heißen sollten, aber wer würde so eine Versicherung schon abschließen wollen? Meine Arbeitskollegin jedenfalls nicht.
Ob man eine Krebsversicherung abschließen möchte, ist eine persönliche Entscheidung. Jeder sollte für sich selbst entscheiden, ob er eine solche Versicherung, in welcher Form auch immer, haben und bezahlen möchte. Nur eins muss immer klar sein: Keine Versicherung vermeidet das Entstehen von Krebs. Auch nicht eine „Krebsversicherung“.

Funfact am Rande: Ich habe mal in die Bedingungen einiger solcher Krebsversicherungen geschaut und festgestellt, dass ich dort als Krebspatientin gar nicht versicherungsfähig bin. Aufgrund meiner Krebsvorerkrankungen lehnen die mich als Versicherungsnehmerin ab. Aus wirtschaftlicher Sicht kann ich das sogar nachvollziehen. Irgendwie schräg finde ich es trotzdem: Eine Krebsversicherung, die keinen Krebspatienten aufnimmt. Gut, dass man bestimmte Krebsfrüherkennungsuntersuchungen von der gesetzlichen Krankenkasse bezahlt bekommt und die übrigen Untersuchungen privat bezahlen kann, und das mache ich auch.

Impuls für mein Leben:
Auch eine Krebsversicherung vermeidet das Entstehen von Krebs nicht.

Hast du keine Angst, dass der Krebs wiederkommt?

(Doch, ich habe Scheißangst!)

Angst ist ein überlebenswichtiger Mechanismus des menschlichen Körpers, um vor bestehenden Gefahren zu warnen. Die Aufgabe von Angst ist daher, uns zu schützen. Wenn wir über die Straße gehen wollen und es kommt ein Auto, dann haben wir Angst, sofort loszulaufen, da die Gefahr besteht, vom Auto erfasst zu werden. Wir bleiben lieber stehen und gehen erst dann über die Straße, wenn das Auto vorbeigefahren ist. Das ist gut so.

Aus meiner Sicht wird die Angst ergänzt von unseren persönlichen Erfahrungen. Denn wenn wir einmal schlechte Erfahrungen in einer bestimmten Situation gesammelt haben, dann haben wir Angst, wenn sich diese Situation wiederholt, weil wir uns an die frühere erste Situation erinnern. Wir sehen die Gefahr, dass sich in der neuen Situation die schlechte Erfahrung aus der ersten Situation wiederholt. Wenn wir also beim Überqueren der Straße schon einmal fast von einem Auto angefahren worden sind, dann haben wir beim nächsten Mal wohl größere Angst, die Straße zu überqueren und schauen lieber mehrfach, ob nun wirklich kein Auto mehr kommt.

Ob diese Koppelung von Angst und Erfahrung in der Wissenschaft auch so gesehen wird, weiß ich nicht. Für mich ist das mit der Angst und der Erfahrung jedenfalls so, insbesondere, wenn es um Krebs geht.

Meine Freundin Mia, der ich nach vielen Jahren der Freundschaft nun auch endlich erzählt habe, dass ich schon viermal Krebs hatte, hat mich gefragt: „Hast du keine Angst davor, dass der Krebs wiederkommt?“ Ich habe geantwortet: „Doch, ich habe Scheißangst.“ Sie hat mich in den Arm genommen und wir haben eine Runde geheult. Echte Freundinnen eben.

Es gibt nicht viele Menschen, die viermal Krebs hatten. Ich habe in den letzten Monaten alle Ärzte, mit denen ich zu tun hatte (und das waren einige!), gefragt, ob sie jemanden kennen, der wie ich viermal Krebs hatte. Mit einer Ausnahme kannte niemand der Ärzte jemanden. Wenn also viermal Krebs so selten ist, dann ist fünfmal Krebs ja noch seltener. Dass ich ihn also ein fünftes Mal bekomme, ist mathematisch gesehen wohl eher unwahrscheinlich.
Das ist schön hergeleitet, entspricht aber leider nicht meinem Gefühl. Ich sehe das so: Mag ja sein, dass ein fünftes Mal sehr unwahrscheinlich ist, aber was interessiert mein Schicksal denn die Wahrscheinlichkeit? Es war ja auch schon sehr unwahrscheinlich, viermal Krebs zu bekommen und trotzdem hatte ich nun viermal den Horror. Ich bin also ein seltener Fall. Und als seltener Fall kann der Krebs halt auch ein fünftes Mal kommen.
Zusätzlich spielt bei meiner Angst auch meine Erfahrung eine Rolle. Denn immer, wenn ich dachte, dass der Krebs jetzt aber wirklich rum ist, ist er wiedergekommen. Aufgrund dieser Erfahrung habe ich nun eben Angst, dass er auch noch ein fünftes Mal wiederkommt.

In meiner Angst vor dem fünften Mal Krebs frage ich mich dann, in welchem Organ er denn beim nächsten Mal zuschlägt. Zu einem Arzt habe ich mal gesagt, dass ich nun wirklich kein Organ mehr habe, was ich an den Krebs „spenden“, auf das ich also verzichten könnte. Der Arzt hat zwar gesagt, dass da noch einiges sei, was man theoretisch herausoperieren könnte, aber er musste zugeben, dass das alles auch mit sehr unangenehmen körperlichen Kon-

sequenzen verbunden wäre. Davor habe ich schlichtweg Angst.
In meiner Angst stelle ich mir dann natürlich auch die naheliegende Frage, ob ich den Krebs ein fünftes Mal überleben würde. Schon viermal ist ja echt unwahrscheinlich, aber fünfmal? Puh, Krebs will ich wirklich nicht nochmal. Aber die Angst ist da …

Ich habe mal den Satz gelesen: „Sorgen sind sinnlos."
Gemeint war, dass
- die Dinge, über die man sich Sorgen macht, in den allermeisten Fällen nicht eintreten und dass
- die Dinge, über die man sich Sorgen macht und dann auch tatsächlich eintreten, auch dann passiert wären, wenn man sich vorher keine Sorgen gemacht hätte.

Diesen Gedanken finde ich spannend und es würde mir bestimmt guttun, wenn ich das so verinnerlichen könnte. Dann würde ich mir keine Sorgen machen, ob der Krebs wiederkommt. Denn wenn er nicht kommt, waren die Sorgen sinnlos, und wenn er kommt, wäre er auch ohne vorherige Sorgen gekommen.
Der Krebs kommt ja nicht, weil man sich vorher Sorgen gemacht hat, sondern weil das Schicksal eine Kackbratze ist. Derzeit bin ich allerdings sowas von weit weg von Keine-Sorgen-machen. Aber vielleicht komme ich da ja irgendwann mal hin. Prima wär's.

In der Vergangenheit war es immer so, dass meine Angst, wieder Krebs zu bekommen, von Jahr zu Jahr weniger wurde. Je länger die vorherige Krebserkrankung her war, desto weniger Angst hatte ich. Ganz weg war die Angst nie, aber von Jahr zu Jahr weniger präsent. Vor allem die Zeit

kurz vor der nächsten ärztlichen Kontrolle bis zum Befund war bei mir immer mit einer gewissen Angst belastet. Nach dem Befund, dass nichts gefunden wurde, war dann aber umgekehrt auch immer die Freude und Erleichterung groß. Bis zur nächsten Kontrolle, dann ging das mit der Angespanntheit bei mir wieder los.
Ich habe im Fernsehen mal einen Arzt gesehen, der meinte, dass man wegen der Angst nicht zur ärztlichen Kontrolle gehen solle. Ich halte das für totalen Wahnsinn und bin froh, dass ich dorthin gehen kann. Ohne Kontrolle hätte man meinen zweiten Schilddrüsentumor nicht entdeckt und wer weiß, wo ich dann heute wäre – vielleicht schon unter den Radieschen, ohne vierte Krebserkrankung, aber tot. Nee, da gehe ich lieber zur Kontrolle und Radieschen kommen in meinen Salat.

Mein Mann hat eine tolle Einstellung. Er sagt immer: „Sorgen mache ich mir erst, wenn es soweit ist." Er meint damit, dass man sich erst dann Sorgen machen muss, wenn die Kacke wieder am Dampfen ist, wenn also wieder Krebs in meinem Körper nachgewiesen wird. Diese Haltung entspricht absolut der Natur meines Mannes als Techniker, nach dem Motto „Wo kein Krebs, da keine Sorgen" oder anders: „Wenn nichts kaputt ist, ist es gut."
Das stimmt ja auch. Dennoch fühle ich anders, die Angst ist da. Das versteht mein Mann auch, denn natürlich ist es ein Unterschied, ob man selbst Krebs hatte oder eben nicht. Wenn meine Angst mal wieder stark ist, denke ich an die Einstellung meines Mannes. Meist hilft das. Und wenn mir der Gedanke daran einmal nicht hilft, gehe ich zu meinem Mann, heule eine Runde in seinen Armen, er sagt: „Ich bin immer für dich da", und dann ist es auch wieder gut. Okay, „gut" ist es dann nicht, aber besser.

Nun hoffe ich natürlich, dass meine heutige Angst auch wieder im Laufe der Zeit weniger wird. Meine Zuversicht und Hoffnung, nicht wieder Krebs zu bekommen, ist zwar wiederholt enttäuscht worden, doch ich höre einfach nicht auf, zu hoffen, dass es das mit dem Krebs in meinem Leben nun aber wirklich war. Und wenn der Krebs ein fünftes Mal kommen sollte, versuche ich wieder, ihm gehörig in den Arsch zu treten.

Impuls für mein Leben:
Nach vier kommt hoffentlich nicht immer fünf.

Darüber spricht man nicht!

(„Man“ vielleicht nicht, ich schon.)

Nein, man sieht mir auf den ersten Blick nichts an, aber die letzte Operation wegen Gebärmutterkrebs hat Spuren hinterlassen. Und ich meine nicht meine Riesennarbe, über die ich ja schon vorstehend berichtet habe (siehe dazu Kapitel „Die Narbe gehört jetzt zu dir.“).
In diesem Kapitel beschreibe ich, mit welchen körperlichen Auswirkungen der Operation ich im Alltag so lebe. Diejenigen Leser und Leserinnen, die eher zart besaitet sind, können dieses Kapitel daher getrost überspringen – ihr verpasst nichts, nur Au und Weh.
Vielleicht meinst du auch, wie Sarah, „Darüber spricht man nicht.“ Nun – ich spreche darüber, jedenfalls wenn mein Gegenüber Interesse hat. Mit Sarah habe ich seinerzeit dann einfach über was anderes gesprochen, ich wollte schließlich nicht, dass sie sich unwohl fühlt. Und das musst du, liebe Leserin und lieber Leser, auch nicht. Wie gesagt, du kannst dieses Kapitel einfach überspringen. Echt, das wäre völlig in Ordnung.
Mit dem Entfernen meiner Gebärmutter, die voll mit Krebs war, wurden zugleich die Eileiter und Eierstöcke entfernt. Und ja, ich fühle mich weiterhin noch als eine richtige Frau. Das Entfernen dieser Organe hat aber natürlich Konsequenzen, die ich nachstehend zusammenfasse, denn auch diese Konsequenzen gehören für mich zum Leben nach Krebs.

Die vielleicht unangenehmste Konsequenz ist, dass ich meine Blase nicht mehr richtig spüre. Das heißt, ich merke nicht mehr, wann ich Wasser lassen muss; wie bei einer alten Frau – und das, obwohl ich ja gerade erst 50 geworden bin.

Ich gehe also nach der Uhr aufs Klo: alle zwei Stunden Pipi, und wenn ich viel getrunken habe, auch schon mal in kleineren Abständen. Das ist echt nervig, funktioniert aber in der Regel ganz gut. Und klar, gelegentlich passiert es mir, dass die Blase voll ist, ich nichts merke und es geschieht dann … Weitere Einzelheiten kannst du dir ja denken.

Mit meinen Beinen hatte ich vor der Operation keine Probleme. Sie haben sich immer „normal" angefühlt. Seit der Operation fühlen sich meine Beine öfter irgendwie schwer an. Das ist dann so, als würde eine Zentnerlast an ihnen hängen. Ich habe schon herauszufinden versucht, ob diese Schwere durch irgendein bestimmtes Verhalten verursacht wird. Aber weder Sitzen noch Stehen noch sonst etwas scheint die Ursache zu sein. Zum Glück wird das Schweregefühl spürbar weniger, oder es geht sogar manchmal ganz weg, wenn ich meine Beine massiere oder wenn ich auf den Ergometer gehe. Ist aushaltbar, nervt aber.
Relevanter finde ich, dass sich meine Oberschenkel seit der Operation taub anfühlen. Wenn ich meine Oberschenkel berühre, spüre ich das, aber es fühlt sich an, als würde ich mich durch eine Watteschicht berühren. Man kann sich das so vorstellen, wie nach einer Betäubung beim Zahnarzt, wenn man seine Wange anfasst. Dann merkt man auch, dass man die Wange berührt, aber es fühlt sich eben irgendwie taub an. So ist das mit meinen Oberschenkeln seit der Operation.
Dieses Taubheitsgefühl in meinen Oberschenkeln kommt wohl von dem Katheter meiner Schmerzpumpe, die ich bekommen habe, um die Schmerzen nach der Operation etwas besser aushalten zu können. Ich hatte gehofft, dass das vollständige Gefühl in den Oberschenkeln nach einiger Zeit wiederkommt. Ist es leider nicht.

Insgesamt kann man sagen, dass ich deutlich weniger fit bin als vor der Operation. Auch wenn ich jeden Tag stetig fitter werde, kann ich bei Weitem noch nicht so lange Strecken wie vor der Operation laufen (im Sinne von Spazierengehen, nicht im Sinne von Joggen).
Und auch meine Kondition ist mir durch die Operation abhandengekommen. Zum Beispiel schnaufe ich beim Treppensteigen wie ein Bernhardiner, wobei diese wahrscheinlich mehr Kondition beim Treppensteigen haben als ich. Meine alte Fitness kann gerne wieder zurückkommen. Sie ist herzlich eingeladen, ich vermisse sie sehr.
Wenn ich früher eine Person gesehen habe, die trockene Haut hatte, zum Beispiel an den Unterarmen, habe ich mich gefragt, warum sie sich nicht eincremt. Ich selbst musste mich früher kaum eincremen, jetzt komme ich damit kaum hinterher. Seit der Operation ist meine Haut extrem trocken. Das gilt insbesondere für mein Gesicht, meine Arme und die Schienbeine. Wenn ich nicht jeden Tag mehrfach meine Haut eincreme, reißt die Haut einfach auf und wird blutig – so als wenn man sich gekratzt hätte.
Leider kann ich auch nicht jede beliebige Creme nehmen, die meisten nützen bei mir nämlich gar nichts. Bei mir hilft nur Creme mit Urea, was ein synthetisch hergestellter Harnstoff ist. Klingt nicht besonders lecker und ich würde mir auch lieber eine gut duftende Blütenessenz oder Kakaobutter auf die Haut schmieren. Aber es ist wie es ist. Nur Urea geht. Wenngleich die Urea-Creme zwar vermeidet, dass die Haut reißt, macht sie dennoch leider keine schöne pralle Haut. Schaut man zum Beispiel auf meine Unterarme, könnte man meinen, man sieht ausgetrocknete Wüstenerde. Nicht schön.
Mit meinen Füßen hätte ich vor der Operation modeln können. Ich habe sie immer gepflegt; sie waren frei von Horn-

haut und anderen Unansehnlichkeiten. Eincremen musste ich meine Füße allerdings nie. Jetzt sind sie staubtrocken und sehen auch so aus, jedenfalls wenn ich sie nicht eincremen würde – natürlich wieder mit einer Urea-Creme. Die gibt es sogar extra für Füße. Alles völliges Neuland für mich.

Nun ist leider nicht nur meine Haut so trocken. Auch meine Schleimhäute sind nach der Operation förmlich ausgetrocknet. Urea geht da nicht. Ich verwende jetzt mehrfach täglich ein Öl für „untenrum“. Zwar versaut das meine Seidenunterwäsche, aber ich weigere mich, auf Oma-Schlüpfer umzusteigen. Das Gefühl eines Rest-Sexappeals will ich mir bewahren.

Im TV gibt es eine Werbung, in welcher gutaussehende Frauen im besten Alter über Scheidentrockenheit und Gleitgel sprechen. Ehrlich, in so einer Runde saß ich noch nie. Als ich Gleitgel gekauft habe, hat mich sogar die Verkäuferin im Drogeriemarkt eher irritiert angesehen. Und die ist schließlich Fachfrau. Um ehrlich zu sein, ich wusste vorher gar nicht, dass es sowas wie Gleitgel gibt. Vermisst hatte ich Gleitgel bisher jedenfalls nicht, meine Schleimhäute waren immer top in Schuss. Jetzt haben mein Mann und ich uns ans Gleitgel-Testen rangetraut. Es geht mit Gel, aber spontan ist was anderes, wenn du verstehst, was ich meine.

Seit der Operation knacken meine Gelenke. Wenn ich das Bein oder den Arm hebe oder senke, knackt es. Weh tut das Ganze nicht, aber es knackt. Manchmal denke ich, dass gleich irgendein Knochen bricht, so laut ist das Geräusch.

Hinhocken konnte ich mich vor der Operation ohne Probleme. Ich habe früher darüber gar nicht näher nachgedacht, bin einfach in die Hocke gegangen und gut war. Nun tun meine Beine weh, wenn ich mich hinhocke. Und wenn ich unten bin, überlege ich mir, was ich da unten gleich noch miterledigen kann, damit ich mich nicht nochmal hinhocken muss. Ich habe das Gefühl, dass meine Beine irgendwie schwächer geworden sind. Das war vor der Operation noch nicht so – und ich empfinde das als echt frustrierend.

Zudem kämpfe ich mit extremen Hitzeattacken. Vielleicht kennst du Hitzeattacken aus deinen eigenen Wechseljahren oder aus den Wechseljahren einer Person, die du kennst. Meine Wechseljahre haben nur sieben Stunden gedauert (die Zeit, in der die Operation stattgefunden hat) und danach war ich schon in der Postmenopause. Ich wurde also mit Karacho in die Zeit nach den Wechseljahren katapultiert. Blöd nur, dass mein Körper und insbesondere meine Schweißdrüsen das so gar nicht akzeptieren wollen.

Zwischen fünf und acht Mal täglich fängt meine Haut insbesondere im Gesicht und an den Armen plötzlich an zu brennen, wird rot und ich habe das Gefühl von starkem Fieber. Ich schwitze innerhalb von Sekunden wie bekloppt: Der Schweiß rinnt mir von der Stirn und auf dem Rücken deutlich sichtbar runter. Das ist schon zu Hause unangenehm, aber dort kann ich mich abkühlen, abtrocknen und die Klamotten wechseln.

Wenn ich unterwegs oder gar im Büro bin, sind mir die Hitzeattacken peinlich. Ich bin dazu übergegangen zu sagen, was los ist. Dann hole ich meinen Handventilator raus und mein Gegenüber ist einfach nur froh, dass es nicht in meiner Haut steckt. Auch nachts kommen die Hitzeattacken, von denen ich dann mehrfach aufwache. Guter Schlaf sieht anders aus. Dass ich nachts immer ein Handtuch und Ersatzwäsche griffbereit neben dem Bett liegen habe, ist auch nicht gerade romantisch. Ich hoffe daher sehr, dass dieser Zustand bald – bitte sehr bald – aufhört.

Ach so, fast hätte ich es vergessen zu erwähnen, natürlich habe ich Tabletten auf pflanzlicher Basis gegen die Hitze ausprobiert. Ist nichts für mich, mein Körper ignoriert die pflanzlichen Wirkstoffe einfach. Hormone sind bei mir nicht möglich, da diese kontraindiziert sind – also Krebs verursachen können. Und wenn ich eines mit Sicherheit nicht will, ist das wieder Krebs. Da schwitze ich lieber und lasse meine Schweißdrüsen Samba tanzen.

Langes Sitzen ist leider noch nichts für mich. Nach etwa einer halben Stunde tun meine Narbe und mein Bauch weh. Dann muss ich mich hinstellen und strecken, was die Narbe wieder dehnt und echt nicht gerade unweh tut. Aua. Spaß ist was anderes.
Ich wusste vor der Operation auch nicht, dass es so was wie Blitzalterung gibt. Nun, ich bin blitzgealtert. Vor der Operation sah ich jünger aus, als ich war und ich dachte damals, dass ich so wie jetzt erst in zehn Jahren aussehen würde.
In den Wochen nach der Operation hat sich mein Äußeres schlagartig verändert. Zuerst habe ich die Altersflecken entdeckt. Die waren plötzlich im Gesicht, an den Armen und Händen. Wenn man meine Hände vor und nach der Operation vergleicht, dann ist das so, als würde man die Hand einer 40-Jährigen mit der einer 90-Jährigen vergleichen. Jetzt habe ich nämlich die Hand einer alten Frau: trocken und mit Altersflecken übersät. Ehrlich, mit 50 wünscht man sich das wirklich nicht.
Vor der Operation hatte ich weder Besenreiser noch Krampfadern. Jetzt sind meine Beine voll davon. Insbesondere in den ersten Monaten nach der Operation konnte ich den Dingern quasi beim Wachsen zuschauen. Jeden Tag habe ich neue entdeckt und jetzt sind meine Beine übersät damit. Die Besenreiser und Krampfadern tun nicht weh,

was mich natürlich freut. Schön sind sie allerdings nicht und ich finde, sie lassen meine Beine alt aussehen und zwar älter, als ich bin. Und viel älter, als ich mich fühle.
Vor einigen Jahren ist mein Kollege Richard mal über eine ältere Kollegin hinter deren Rücken hergezogen und hat gesagt, sie solle doch lieber lange Hosen anziehen, weil man bei ihren Röcken immer die Krampfadern sehen würde, und er finde das eklig. Ich habe damals zu ihm gesagt, dass mich die Krampfadern nicht stören und dass die Kollegin doch anziehen solle, was sie wolle. Richard konnte das nicht nachvollziehen.
Nun, lieber Richard, jetzt habe auch ich Krampfadern, die du möglicherweise eklig findest. Hierauf möchte ich keine Rücksicht nehmen. Ich verstecke meine Beine nicht. Und wenn ich mich danach fühle, ziehe ich selbstverständlich auch einen Rock an. Vielleicht hast du mich ja im Büro schon mit einem Rock ohne blickdichte Strumpfhose gesehen. Leb' damit, mache ich schließlich auch. Oder guck einfach weg.

Drei Monate vor der letzten Operation ist meine Brille kaputt gegangen, weshalb ich mir eine neue kaufen musste. Natürlich habe ich vorher meine Augen checken lassen. Meine Dioptrienzahlen hatten sich nicht verändert, also bekam ich eine Brille mit denselben Dioptrien wie in meiner alten.
Einige Tage nach der Operation hatte ich das Gefühl, dass mit meinen Augen etwas nicht stimmt. Irgendwie konnte ich mit meiner neuen Brille nicht mehr gut sehen. Zunächst habe ich gedacht, dass sich das noch legt. Ich war auch erst einmal mit anderen Dingen beschäftigt (siehe dazu Kapitel „Das nennt man Wundheilungsstörung“). Als das mit dem Sehen nicht besser wurde, habe ich meine Optikerin ange-

rufen. Das Erste, was sie fragte, war: „Hatten Sie eine längere Narkose?“ Als ich ihr sagte, dass ich eine Narkose von sieben Stunden Dauer hatte, entgegnete sie nur: „Na, dann kommen Sie mal vorbei.“ Ich bin vorbeigekommen und – brauchte tatsächlich eine neue Brille, weil sich meine Augen deutlich verschlechtert hatten. Da ich mein erst vor Kurzem ausgesuchtes Brillengestell immer noch super fand, hat die Optikerin nur die Gläser ausgetauscht. Das hat immer noch ein Heidengeld gekostet, aber jetzt sehe ich wieder klar. Dass die Augen nach einer Narkose schlechter werden können, wusste ich nicht. Wenn ich so zurückdenke, habe ich aber tatsächlich auch nach den vorherigen Operationen immer eine neue Brille gebraucht. Damals war mir der Zusammenhang nicht klar. Ist ja auch egal. Hauptsache: gut sehen.

Mein Gesicht war vor der Operation prall. Ich hatte zwar kleinere Fältchen, aber meine Wangen waren nicht eingefallen. Das ist nun anders. Mit der Operation bin ich im Gesicht eingefallen, ich habe jetzt Hängewangen, also so Hängebäckchen wie bei einer Ziege. Mich das erste Mal mit Hängewangen wahrzunehmen, war wirklich nicht leicht, ich habe mich echt erschreckt.

Anderen Personen in meinem Umfeld ist es genauso gegangen: Im Job habe ich im ersten Jahr nach der Operation außerhalb meines eigenen Büros, also auf dem Flur, im Treppenhaus et cetera auf ärztlichen Rat eine Maske getragen (siehe dazu Kapitel „Mama, warum trägt die Frau eine Maske?“). Als ich nach der Krebsbehandlung die erste Woche wieder im Büro war, habe ich meine Arbeitskollegin Lilith auf dem Flur getroffen. Lilith hat sich wirklich dafür interessiert, wie es mir nun nach der Krebserkrankung geht, was nicht selbstverständlich ist (siehe auch dazu Kapitel

„Wie geht es dir?“). Im Laufe des Gesprächs habe ich erwähnt, dass ich nun im Gesicht sehr eingefallen bin. Lilith konnte das wegen der Maske nicht erkennen und sie konnte sich auch nicht vorstellen, dass mein Gesicht sich nun so verändert haben sollte. Daraufhin bin ich einige Schritte zurückgegangen und habe kurz die Maske heruntergenommen. Lilith hat sich sehr erschrocken und gesagt: „Oh ja, jetzt sehe ich es auch.“ So ist es halt, ich habe meine Hängewangen nicht eingeladen, schon jetzt zu kommen, aber nun sind sie eben da.

Meine natürliche Haarfarbe ist seit vielen Jahren dackelbraun. Irgendwann nach der Operation stand ich vor dem Spiegel und habe auf dem Kopf ein sehr helles Haar entdeckt – viel heller als dackelbraun. Da ich als Kind früher sehr blonde Haare hatte, hatte ich die unrealistische Hoffnung, das entdeckte Haar sei blond. War es natürlich nicht, es war grau.

Erfahren habe ich das so: Ich habe dieses Haar zwischen die Finger genommen, bin mit schief gehaltenem Kopf zu meinem Mann gegangen und habe gefragt: „Sag mal, ist das Haar hier blond?“ Er antwortete: „Nee, das ist grau, mein Schatz.“ Dann hielt er kurz inne, schaute sich die übrigen Haare an und meinte dann „Hier ist noch ein graues Haar und hier und hier und hier und hier. Ist nicht schlimm, hab’ ich ja auch.“ Da war mir klar, jetzt ist es soweit: Ich altere. Sicher, eigentlich altern wir bereits seit unserer Geburt, aber ich will doch nicht, dass man das sieht!

Ob die grauen Haare aufgrund der Operation schneller gekommen sind oder ob ich jetzt auch ohne sie graue Haare bekommen hätte, weiß ich nicht. Da die grauen Haare aber zeitlich unmittelbar danach aufgetaucht sind und ich aufgrund der Operation auch die anderen Alterserscheinungen

wie Besenreiser, Krampfadern und Hängewangen bekommen habe, lässt sich wohl nicht ausschließen, dass auch die grauen Haare operationsbedingt sind.
Vielleicht haben die grauen Haare auch einfach auf eine gute Gelegenheit gewartet, endlich mal in Erscheinung zu treten und fanden, die Operation sei ein guter Anlass, sich mal blicken zu lassen. Ob ich meine Haare irgendwann mal wieder färbe, weiß ich noch nicht. Mittlerweile habe ich mich an den Gedanken gewöhnt, dass auch ich jetzt graues Haar habe. Im Moment finde ich die einzelnen grauen Haare als Highlighter sogar recht cool.
Natürlich sind die Besenreiser, Krampfadern, Hängewangen und Co. letztlich normale Alterserscheinungen. Der Unterschied ist halt, dass diese Alterserscheinungen nicht schleichend, peu à peu, gekommen sind, sondern innerhalb weniger Wochen nach der letzten Operation. So eine Blitzalterung ist schon krass. Als ich mich bei meinem Mann über meine plötzliche Blitzalterung beschwert und sehr deutlich gemacht habe, dass ich damit überhaupt nicht einverstanden bin, meinte er: „Schatz. Ist doch egal. Dann welken wir eben zusammen." Da musste ich lachen und seither welken wir.
Mir ist völlig klar, dass ich viele der neuen Alterserscheinungen wegoperieren lassen könnte. Aber mal ehrlich: Ich hatte wirklich mehr als genug Operationen und mein Köper hat sich von der letzten immer noch nicht ganz erholt. Eine weitere möchte ich ihm nicht zumuten, es sei denn, diese wäre wirklich überlebenswichtig. Andere Menschen entscheiden sich anders und fühlen sich nach Schönheitsoperationen besser als vorher. Das ist völlig okay, jeder wie er mag. Ich mag nicht.
Keine Frage, all das nehme ich in Kauf mit dem Wissen, dass die Operation mein Leben gerettet hat. Ohne sie hätte sich

der Krebs in meinem Körper ausgebreitet und ich wäre daran höchstwahrscheinlich gestorben. Im Vergleich zum Sterben ist all das, was ich hier beschrieben habe, sicherlich pillepalle. Aber bloß, weil ich Krebs überlebt habe, muss ich ja nicht alle körperlichen Auswirkungen meiner Operation toll finden.

Doch eines steht für mich ganz sicher fest: Sterben will ich noch nicht, da nehme ich lieber die neue Blase, meine tauben Oberschenkel, die Krampfadern und Co. in Kauf. Ein Ponyhof ist das Leben nach Krebs aber nicht.

Impuls für mein Leben:
Der Körper verändert sich – erst recht nach Krebs.
Ist halt so.

Deine Beschwerden müssen doch mal langsam weg sein.

(Bist Du noch ganz frisch?)

Ich mag meine Tante Elli sehr. Strenggenommen ist Tante Elli gar nicht meine Tante, sondern die Tante meines Mannes. Da sie aber echt nett ist, ist sie nun seit vielen Jahren einfach auch meine Tante Elli. Sie ist über 80 Jahre alt und hat schon viel Lebenserfahrung, nur mit Krebs ist sie noch nie in Berührung gekommen. In unseren Telefonaten sagt sie regelmäßig zu mir: „Deine Beschwerden müssen doch mal langsam weg sein.“

Tante Elli meint es sicher nur gut; trotzdem mag ich diesen Satz nicht und kann ihn auch nicht so recht einordnen. Was meint Tante Elli damit, wenn sie sagt, dass meine Beschwerden jetzt aber mal langsam weg sein „müssen“? Meint Tante Elli, dass ich nicht genug getan habe, damit meine Beschwerden weggehen? Dass jemand, der sich mehr angestrengt hat, jetzt keine Beschwerden mehr hätte?

Puh, wenn Tante Elli das meinte, wäre es echt krass. Ich mache im Rahmen meiner derzeit möglichen körperlichen Verhältnisse Sport, ernähre mich gut und versuche, auch seelisch klarzukommen. Was denn noch? Ich wüsste nicht, was ich noch mehr machen soll. Als ich meine Ärzte gefragt habe, ob ich noch irgend etwas tun könne, damit meine Beschwerden weggingen, haben alle dasselbe gesagt: Ich solle Geduld haben und damit rechnen, dass einige Beschwerden für immer blieben. Mehr als ich derzeit tue, könne ich nicht tun. Na bitte, sag’ ich doch.

Wenn Tante Elli sagt, dass meine Beschwerden langsam mal weg sein müssten, meint sie aber vielleicht auch, dass jede Krankheit irgendwann ausgeheilt ist, sodass hinterher keinerlei Beschwerden übrigbleiben.

Nun kennt Tante Elli die Auswirkungen von Krebs weder von sich noch aus ihrer Familie. Das ist auch gut so und darf gerne so bleiben. Bei Tante Elli kommen Krankheiten und gehen auch wieder ohne bleibende Beschwerden. Vielleicht geht sie davon aus, dass dies auch bei Krebs so sein muss und kann daher meine Erkrankungen nicht so richtig einordnen.

Nun, Krebs ist kein Schnupfen, der irgendwann weggeht. Die Folgen von Krebs können einfach so bleiben. Das ist für Tante Elli offensichtlich nur schwer zu akzeptieren. Frag' mich mal! Wenn ich daran denke, dass meine Beschwerden für immer bleiben könnten, wird mir schwindelig und zwar so, als hätte ich mich minutenlang im Kreis gedreht. Drehwurmschwindelig. Scheißgefühl. Scheißkrankheit.

Oder meint Tante Elli, dass meine Heilung im Vergleich zu anderen Krebspatienten zu langsam vorwärts geht? Woher will Tante Elli das denn bitte wissen? Sie kennt schließlich keine anderen Krebspatienten außer mir. Vielleicht ist das aber auch gerade der Punkt, denn meine bisherigen Krebserkrankungen hat Tante Elli gar nicht richtig mitbekommen. Meine Leukämie war für Tante Elli überhaupt nicht präsent, da wir uns damals noch nicht kannten. Und als wir uns später kennengelernt haben, habe ich äußerlich wie jede andere 19-jährige Frau gewirkt.

Als dann die beiden Schilddrüsentumore im Abstand von mehreren Jahren kamen, wusste Tante Elli nur, dass ich jedes Mal eine Operation und Strahlentherapie machen musste, aber wenn wir uns getroffen haben, habe ich mich zusammengerissen und immer gesagt, dass es mir recht gut geht. Mit Tante Elli habe ich damals nicht darüber gesprochen, dass ich Schluckbeschwerden und Schmerzen habe oder dass ich mich schlapp fühle oder dass ich schon echt zu kämpfen habe.

Nach der letzten Krebserkrankung kann ich nun nicht mehr so tun, als wenn alles wieder in Ordnung wäre. Allein, dass ich nicht lange sitzen kann, fällt schon auf. Und ehrlich gesagt, will ich gegenüber Tante Elli meine Beschwerden heute auch gar nicht überspielen. Warum auch? Meine Beschwerden sind ja nun mal da.

Manchmal habe ich den Eindruck, dass meine Krebserkrankung Tante Elli schlichtweg nervt und dass sie viel lieber nur lustige schöne Geschichten aus meinem Leben hören würde. Frag mich mal! Nun, nach Krebs ist das Leben aber nun leider kein Ponyhof und wenn Tante Elli mich fragt, wie es mir geht, dann antworte ich halt auch. Am Anfang habe ich ihr noch detailliert beschrieben, wie es mir geht. Als sie dann das erste Mal gesagt hat „Deine Beschwerden müssen doch mal langsam weg sein.“, habe ich mich dazu entschlossen, auf ihre Frage, wie es mir geht, mit „Den Umständen entsprechend.“ zu antworten (siehe dazu Kapitel „Wie geht es dir?“). Das hat aber nichts genützt, denn Tante Elli sagt auch bei dieser Antwort immer noch, dass meine Beschwerden langsam mal weg sein müssen.
Sicher, ich könnte Tante Elli auch sagen, dass ich ihren Satz „Deine Beschwerden müssen doch mal langsam weg sein“ doof finde, und dass sie mir stattdessen doch einfach weiterhin gute Besserung wünsche könnte. Ich habe mich aber dazu entschlossen, ihr das nicht zu sagen.
Denn würde ich Tante Elli sagen, dass ich ihren Satz doof finde, wäre sie voraussichtlich sehr getroffen und würde sich unnötig wochenlang schlecht fühlen. Kurz vor meiner letzten Krebsoperation hatte sie mir einfach so am Telefon gesagt: „Ich möchte nicht in deiner Haut stecken.“ Daraufhin habe ich gesagt, dass ich auch nicht in meiner Haut stecken möchte und habe losgeheult. Mein Mann hat den

Telefonhörer übernommen und Tante Elli die Meinung gegeigt. Sie hat sofort verstanden, dass ihre Äußerung zwar ehrlich, aber dennoch völlig daneben war; und sie hat sich noch wochenlang deswegen schlecht gefühlt.
Ich finde es gut, dass Tante Elli den Satz „Ich möchte nicht in deiner Haut stecken“ bereut, aber ich möchte nicht, dass sie sich nochmal wochenlang so mies fühlt. Deswegen sage ich ihr nicht, dass ich ihren Satz „Deine Beschwerden müssen doch mal langsam weg sein“ nicht mag. Und so schlimm wie „Ich möchte nicht in deiner Haut stecken“ ist er ja auch nicht.

Mittlerweile überhöre ich den Satz von Tante Elli einfach. Ich gehe davon aus, dass sie nicht meint, dass die Beschwerden mal langsam weg sein „müssen“. Sie wünscht mir einfach nur, dass meine Beschwerden langsam mal weggehen. Und das wünsche ich mir ja schließlich auch (siehe dazu Kapitel „Du hast dem Schicksal bestimmt einiges zu sagen.“).

Impuls für mein Leben:
Krebs ist kein Schnupfen. Leider.

Du hast dem Schicksal bestimmt einiges zu sagen.
(Und ob!)

Als ich Judith nach vielen Jahren der Freundschaft erzählt habe, dass die letzte Krebserkrankung für mich nicht die erste, sondern schon die vierte Krebserkrankung ist, hat sie zuerst gefragt, warum ich das nicht früher erzählt habe. Wir haben zusammen einen Kaffee getrunken und ich habe ihr die Umstände erklärt (siehe dazu Kapitel „Wieso hast du das noch nie erzählt?“).

In unserer weiteren Unterhaltung ging es dann um alles Mögliche und nicht um Krebs. Alles war wie immer, allerdings habe ich während unseres Gesprächs schon gemerkt, dass in Judith irgendwas brodelt. Und dann ist es aus ihr herausgeplatzt: „Dass du jetzt das vierte Mal Krebs hast, ist echt krass. Du hast dem Schicksal bestimmt einiges zu sagen.“
Und ob! Ich habe dem Schicksal wirklich viel zu sagen! Das Schicksal hat mir aber leider nicht seine Adresse hinterlassen, als es den Krebs vorbeigebracht hat. Wüsste ich, wo das Schicksal wohnt, wäre ich dort schon längst mal hingefahren, hätte geklingelt und ihm ordentlich meine Meinung gegeigt. Für den Fall, dass das Schicksal dieses Buch in die Hand bekommt, habe ich sicherheitshalber mal einen Brief an das Schicksal verfasst. Das Schicksal soll ruhig wissen, dass es eine Kackbratze ist!

Dies ist mein Brief ans Schicksal:

Hallo Schicksal!

Normalerweise fange ich meine Briefe mit „Liebe/r" oder „Sehr geehrte/r" an. Bei dir passt aber weder die eine noch die andere Anrede. Ich finde, du bist einfach nur scheiße und dafür ist „Hallo" eigentlich noch zu nett. Da aber bei einem Brief eine Anrede dazugehört, habe ich eben „Hallo" genommen.

Als erstes möchte ich dich fragen, ob du noch ganz frisch bist, mir viermal Krebs zu schicken? Geht's noch? Vier Mal? Echt jetzt? Meinst du nicht, einmal Krebs hätte auch gereicht? Und selbst auf das erste Mal hätte ich gerne verzichtet. Oder zumindest hätte doch nach dem dritten Mal Schluss mit dem Thema Krebs sein können. Findest du nicht, dass du bei mir völlig übertrieben hast? Was stimmt bei dir nicht? Welcher Furz saß dir quer, als du gedacht hast: „Och, der Maren schicke ich das vierte Mal den Krebs vorbei?"

Vielleicht hast du ja eine sadistische Ader. Hast du etwa Freude daran, mir dabei zuzusehen, wie ich jedes Mal wieder versuche, alles zu überstehen und, so weit möglich, wieder fit zu werden? Sollte dir wirklich einer dabei abgehen, mir in meinem Kampf gegen den Krebs zuzuschauen, dann bist du krank im Kopf und du solltest dir dringend ärztliche Hilfe holen.

Oder meinst du etwa, ich hätte viermal Krebs irgendwie verdient? Tickst du noch ganz sauber? Wieso sollte ich das verdient haben? Ich bin ein guter Mensch und selbst wenn nicht, hat doch Krebs nun wirklich niemand verdient. Okay, so manch einem Despoten in der Welt würde ich schon die Pest an den Hals wünschen, aber das ist ein anderes Thema. Ich jedenfalls habe noch niemanden persönlich kennengelernt, der Krebs verdient hätte. Und ich habe schon so manch einen

Stinkstiefel getroffen, aber selbst die haben doch keinen Krebs verdient. Also ist das ja wirklich kein Argument, mir oder anderen Krebs zu schicken.

Oder findest du, Krebs ist gar nicht so schlimm? Meinst du echt, hierbei geht es ums „Hinfallen, Krönchen richten, aufstehen und weitermachen.“? Wenn du das denkst, bist du ja noch doofer als ich dachte. Hier daher eine wichtige Information für dich: „Krönchen richten“ geht bei Krebs nicht, denn das Krönchen ist bei Krebs außer Reichweite runtergefallen. Alleine kommt man bei Krebs an sein Krönchen nicht ran, um es wieder aufzusetzen und weiterzuleben. Bei Krebs braucht man eine höllische Therapie und wenn man dann Glück hat, überlebt man. So war es jedenfalls bei mir. Also kann man bei Krebs nicht einfach sein „Krönchen richten“. Krebs ist kein Hinfallen, bei dem man selbst wieder aufstehen kann. Krebs ist schlimmer, merk' dir das.
Letztlich ist es mir aber auch egal, was dich geritten hat, mir viermal Krebs zu schicken. Falls du es noch nicht gemerkt haben solltest, viermal Krebs ist eine Zumutung! Jemand hat mich mal darauf aufmerksam gemacht, dass in dem Wort „Zumutung“ auch das Wort „Mut“ steckt. Ich würde jetzt nicht sagen, dass ich mutig bin. Eher ein Schisser, zum Beispiel würde ich niemals Bungee Jumping machen oder Fallschirmspringen. Nee, mutig bin ich wohl eher nicht. Normalerweise kann man sich entscheiden, ob man mutig sein will oder nicht. Man kann sich für oder gegen Bungee Jumping oder Fallschirmspringen oder was auch immer entscheiden. Bei Krebs hatte ich keine Wahl, ich musste da durch. Vier Mal.
Du kannst mir glauben, wenn ich bei Krebs eine Wahl gehabt hätte, hätte ich sicher nicht gesagt: „Hey, super, ich bin voll mutig und nehme den Krebs.“ Schwachsinn, das würde ja keiner machen. Für mich hat „Zumutung“ daher nichts mit

„Mut“ zu tun, sondern beschreibt für mich den Zustand, den du mir aufgezwungen hast, ohne dass ich eine Wahl hatte. Jetzt muss ich mit viermal Krebs klarkommen. Eben eine echte Zumutung!

Schicksal, du hast bei mir echt Scheiße gebaut und ich kann nur hoffen, dass du das auch endlich mal einsiehst. Da brauchst du mir auch nicht mit dem blöden Spruch zu kommen „Jeder bekommt nur so viel Last, wie er auch tragen kann.“ Meinst du wirklich, ich kann viermal Krebs ertragen? Echt jetzt? Da wäre ich ja Superwoman! Bin ich aber nicht. Also komm mir nicht mit diesem Spruch, denn viermal Krebs ist einfach zu viel.

Solltest du jetzt meinen, dass ich doch froh sein könne, dass ich den Krebs viermal überlebt habe, hast du recht. Ich bin sogar exorbitant froh darüber. Aber wenn du glaubst, dass ich dir dafür dankbar bin, dann irrst du dich gewaltig. Denn du verkennst hier das Zusammenspiel von Ursache und Wirkung. Hätte ich keinen Krebs gehabt, dann hätte sich die Frage nach dem Überleben erst gar nicht gestellt. Also bin ich dir nicht dankbar, sondern finde es extrem fies, dass du mir den Krebs viermal geschickt hast. Dankbar bin ich meinem Mann, meiner Familie und meinen Freunden für ihre Liebe und Unterstützung. Du hingegen bist eine Kackbratze.

Und eins möchte ich dir auf jeden Fall auch noch sagen: HÖR’ AUF DAMIT! Solltest du irgendwann auch nur im Entferntesten daran denken, mir ein fünftes Mal Krebs zu schicken: Vergiss es! Es reicht! Ich will nicht! Gib’ den Krebs doch jemand anderen oder besser noch: Nimm ihn doch selber! Du willst den Krebs selber nicht? Ach nee, welch eine Überraschung! Und ich soll ihn dann gleich fünfmal bekommen? Jetzt merkst du selber, dass da was nicht stimmt, oder? Also lass mich in Ruhe und verpiss dich mit deinem fünften Krebs!

Statt darüber nachzudenken, mir ein fünftes Mal Krebs zu schicken, solltest du lieber darüber nachdenken, wie du die viermal Krebs bei mir wieder gutmachen kannst. Ich hätte da eine Idee: Fang' doch erst mal damit an, mir meine Fitness von vor der letzten Operation wieder zurückzugeben. Wenn Du genau wissen willst, was sich alles seit der letzten Operation verändert hat, lies doch einfach mal das Kapitel „Darüber spricht man nicht". So, und jetzt will ich mein schönes altes Leben zurück! Mach hinne!

Maren

P.S. Sollte das mit der Rückkehr zu meinem schönen alten Leben aus welchen Gründen auch immer nicht gehen, dann lass' bitte alles so, wie es ist – und verpiss dich!

Also ich könnte damit ja nicht mehr ruhig schlafen.

(Frag' mich mal!)

Die Arbeitskollegin, die mir auch den Hinweis auf die Krebsversicherung (siehe dazu Kapitel „Echt, du hattest Krebs? Hast du keine Versicherung gegen Krebs abgeschlossen?") gab, hat zu mir gesagt: „Also ich könnte damit ja nicht mehr ruhig schlafen." Mit „damit" meinte sie die letzte Krebserkrankung, denn von den vorherigen drei hat die Kollegin keine Kenntnis. Würde sie wissen, dass dies nicht die erste Krebserkrankung war, hätte sie dies vermutlich noch mehr erschüttert.
Was hätte sie dann wohl gesagt? Vielleicht sowas wie „Also ich könnte damit ja nicht leben." Nun, leben tue ich gerne, aber mit dem Schlafen ist das tatsächlich so eine Sache bei mir. Meine Arbeitskollegin hatte also gar nicht so unrecht, wenn sie meine Krebserkrankung und den Schlaf in Verbindung bringt.

Guter Schlaf ist wichtig, weil der Körper beim Schlafen regeneriert und sich unser Immunsystem stärkt. Ich möchte daher wirklich gut schlafen. Nur will mein Körper das leider nicht immer so, wie ich es will.
Unmittelbar nachdem ich nach der letzten Krebsoperation aus dem Krankenhaus entlassen wurde, war an Schlafen gar nicht zu denken. Oder besser gesagt: Das Denken hat den Schlaf verhindert. Ich lag stundenlang im Bett wach und habe über mein Schicksal gegrübelt. Nun hatte ich also das vierte Mal Krebs. Vier Mal! Und dann auch noch das Loch im Bauch (siehe dazu Kapitel „Das nennt man Wundheilungsstörung.") und die Schmerzen und überhaupt die ganze Situation. Schon wieder Krebs! Was für eine Scheiße!

Besonders schwer konnte ich einschlafen, wenn ich darüber nachgedacht habe, ob ich denn auch noch ein fünftes Mal Krebs bekomme. Dann war die Angst präsent (siehe dazu Kapitel „Hast du keine Angst, dass der Krebs wiederkommt?“) und schlafen war nicht mehr möglich. Der Schlafmangel hat nun auch nicht wirklich zur Genesung beigetragen, sondern meine Stimmung einfach nur runtergezogen.
Als lösungsorientierter und pragmatischer Mensch habe ich dann angefangen, mich mit dem Thema Schlafen zu beschäftigen. Es gibt wirklich unzählige Methoden, Meinungen und Empfehlungen zu diesem Thema. Ich habe einiges davon ausprobiert. Manches hat bei mir überhaupt nicht geklappt, aber ein paar Dinge schon.
Gar nicht funktioniert haben bei mir die frei verkäuflichen Einschlaftabletten. Mein Körper ignoriert sowohl Baldrian als auch Melatonin als auch all die anderen Mittelchen aus dem Drogeriemarkt. Ich habe so ziemlich alles durchprobiert und hätte zeitweise als professionelle Einschlaftablettentesterin arbeiten können. Meinem Körper waren alle Mittelchen völlig egal, ich hätte genauso gut vor dem Einschlafen ein Gummibärchen essen können. Die Wirkung fürs Einschlafen wäre gleich gewesen, nämlich null.

Auf ärztlichen Rat hin habe ich dann auch mal verschreibungspflichtige Schlaftabletten ausprobiert. Uih, diese haben aber sowas von gewirkt. Ich habe richtig gemerkt, wie die mich ausgeknockt haben. Das Gefühl war wie bei einer Narkose, wenn der Narkosearzt einen auffordert, bis zehn zu zählen, man das aber nicht mehr hinkriegt, weil das Narkosemittel schon wirkt. So war das bei mir mit den verschreibungspflichtigen Schlaftabletten: Das Einschlafen hat gut geklappt, nur am nächsten Tag fühlte ich mich

irgendwie gerädert. Auch dass eine Tablette mich so ausknocken kann, fand ich irgendwie gruselig.
Da frei verkäufliche Schlaftabletten bei mir nicht wirken und verschreibungspflichtige Schlaftabletten mir unheimlich sind, habe ich das eine und andere ausprobiert. Letztlich habe ich tatsächlich ein paar Maßnahmen gefunden, die mein Einschlafen verbessert haben. Für mich gibt es nicht den einen einzigen Trick, vielmehr sind es ein paar kleine Dinge, die mir helfen, besser zu schlafen, wenn ich sie zusammen umsetze.
Dies sind die Dinge, die mir beim Einschlafen helfen:

1. Keinen Stress wegen des Schlafens machen
Wenn ich eine Nacht nicht gut oder gar nicht schlafe, ist das kein Drama, denn mein Körper kann das am nächsten Tag ausgleichen. Ich merke am nächsten Tag kaum, dass ich die Nacht vorher nicht gut geschlafen habe. Nur wenn ich mehrere Nächte hintereinander nicht gut oder gar nicht schlafe, macht sich das körperlich zum Beispiel in Form von reduzierter Konzentration bemerkbar. Eine einzelne schlechte Nacht ist nicht schlimm.
Dies zu wissen, ist für mich sehr beruhigend. Denn wenn ich wieder mal wach liege und die Panik hochkommt, weil ich doch am nächsten Tag fit sein muss, dann erinnere ich mich daran, dass mein Körper eine einzelne schlechte Nacht wegstecken kann. Meist schlafe ich dann aufgrund dieser beruhigenden Erkenntnis auch ein.

2. Sechs Stunden reichen auch
Irgendwie bin ich immer davon ausgegangen, dass man mindestens acht Stunden schlafen muss, um am nächsten Tag gut ausgeruht und fit zu sein. Ich habe festgestellt, dass dies für mich nicht passt. Mir reichen sechs Stunden und

diese Erkenntnis stresst mich wesentlich weniger als der Druck, irgendwie auf die acht Stunden Schlaf zu kommen. Ich habe mal gelesen, dass Schlafen schön macht. Wenn das stimmt, dann sollte ich vielleicht darüber nachdenken, zu versuchen, statt sechs Stunden doch mehr als acht Stunden zu schlafen. Okay, ich habe darüber nachgedacht und gehe einfach davon aus, dass bei mir die maximale Dosis Schönheit schon nach sechs Stunden erreicht ist.

3. Abendspaziergang

Mein Mann und ich machen abends fast immer eine Runde um den Block. Das trägt dazu bei, dass ich besser einschlafen kann. Mir ist bewusst, dass Spazierengehen absolut uncool ist, was mir aber völlig egal ist.

Dass Spazierengehen nicht angesagt ist, sieht man daran, dass wir abends nur Leute mit Hund treffen. Diese Menschen sehen meist auch nicht gerade entspannt aus, eher genervt. Ich habe nicht den Eindruck, dass sie abends gerne draußen sind. Leute ohne Hund gehen anscheinend abends nicht spazieren. Außer meinem Mann und mir. Dass wir ohne Hund trotzdem spazieren gehen, irritiert die anderen Menschen mit Hund gelegentlich. Wir haben es schon einige Mal erlebt, dass sich die Leute mit Hund rechts und links umgeschaut und nach unserem Hund gesucht haben. Nun, den gibt es nicht. Wir gehen tatsächlich freiwillig und ohne Hund abends spazieren. Total crazy.

Mein Mann und ich gehen selbst bei Regen raus. Solange der Schirm hält und vom Wind nicht umgeklappt wird, machen wir unseren Abendspaziergang. Nur wenn es ganz stark regnet und stürmt, bleiben wir drinnen. So bekloppt sind wir dann doch nicht.

Als wir unserem Nachbarn mit seinem Hund Oskar mal draußen begegnet sind, hat er sich darüber gewundert, dass wir trotz des Regens draußen waren und gefragt: „Was macht ihr denn hier draußen bei diesem Schietwetter?“ Mein Mann hat gesagt: „Ach, ist doch nur ein bisschen feuchte Luft.“ Der Nachbar hat daraufhin gelacht und gesagt: „Das findet Oskar auch. Mir ist es eindeutig zu nass.“ Jetzt könnte man meinen, dass wir bei Regen einfach an Stelle des Nachbarn mit Oskar eine Runde gehen könnten, aber Oskar kann sein Geschäft nur machen, wenn sein Herrchen dabei ist. Unser Nachbar nimmt es gelassen.

4. Nur müde ins Bett
Ins Bett zu gehen, ohne richtig müde zu sein, führte bei mir dazu, dass das doofe Gedankenkarussell anfing, sich zu drehen. Ich lag dann wach im Bett und habe über meine Krebserkrankungen nachgedacht. Dadurch wurde ich nur noch wacher und konnte noch weniger einschlafen.
Heute gehe ich erst dann ins Bett, wenn ich wirklich richtig müde bin. Mein Körper ist dann oft einfach zu platt, um sich noch mit trüben Gedanken zu beschäftigen und ich schlafe besser ein.

5. Vor dem Einschlafen Fenster auf
Es soll ja Menschen geben, die schlafen immer bei geöffnetem Fenster. Auch im Winter. Brrrr, selbst unter Berücksichtigung meiner derzeitigen Hitzeattacken (siehe dazu Kapitel „Darüber spricht man nicht!“) wäre mir das zu kalt. Dann soll es andere Menschen geben, die können gut bei stickiger Wärme schlafen. Das sind erfahrungsgemäß oft Teenager.
Von sogenannten Schlafexperten hört man Unterschiedliches: Mal soll die Raumtemperatur 16 Grad Celsius sein, mal 19 Grad, andere empfehlen eine Raumtemperatur zwischen 16 und 19 Grad, wieder andere befürworten 15 bis

18 Grad. Mir scheint, als gäbe es da kein festes Richtmaß; man muss halt ausprobieren, was bei einem selbst funktioniert. Ich weiß auch gar nicht, wie viel Grad es in meinem Schlafzimmer sind. Tagsüber ist es dort mittelmäßig warm, also kälter als das Wohnzimmer, aber wärmer als der Kühlschrank.

Allerdings habe ich festgestellt, dass ich besser einschlafen kann, wenn ich vor dem Einschlafen kurz das Fenster weit öffne. Vielleicht ist das nur ein Ritual, das psychologisch wirkt. Vielleicht ist die frische Luft aber auch irgendwie körperlich förderlich. Was auch immer es ist, mir hilft es. Allerdings öffne ich das Fenster wirklich nur kurz, denn bei Eistemperaturen kann ich echt nicht einschlafen. Ich bin schließlich kein Eisbär.

6. Aufstehen, um wieder einzuschlafen

Ich werde insbesondere wegen der Hitzeattacken (siehe dazu Kapitel „Darüber spricht man nicht!“) regelmäßig nachts wach. Zuerst war es für mich echt schwer, wieder in den Schlaf zu finden. Ich habe dann mitten in der Nacht wach im Bett gelegen und je mehr Zeit verstrichen ist, desto panischer wurde ich, weil ich doch meinen Schlaf brauchte und am nächsten Tag fit sein wollte.

Ich weiß nicht warum, aber mir hilft es, dann aufzustehen und für eine Weile andere Dinge zu tun. Beispielsweise setze ich mich dann ins Wohnzimmer und lese etwas. Oder ich gehe kurz im Haus umher, was ein bisschen so aussehen könnte, als wäre ich eine Security-Mitarbeiterin. Ein paarmal habe ich auch schon in der Nacht die Wäsche von der Wäscheleine abgenommen. Nach diesem kurzen Aufstehen und Ablenken gehe ich wieder ins Bett und meist schlafe ich dann auch wieder ein.

7. Zettel auf dem Nachtschränkchen
Wenn ich im Bett ins Grübeln komme, drehen sich meine Gedanken meist um mein Krebsschicksal. Manchmal fällt mir aber auch ein, dass ich den Arzt noch was fragen wollte oder dass ich den nächsten Arzttermin vereinbaren muss oder Ähnliches. Ich halte diesen Gedanken fest, um ihn bloß nicht wieder zu vergessen, und das hält mich dann wach. Was mir hilft, ist, den Gedanken aufzuschreiben. Zu diesem Zweck habe ich immer Zettel und Stift im Nachtschränkchen. Kommt der Gedanke an etwas, das ich nicht vergessen will, schreibe ich ihn auf. Meist hält er mich nach dem Aufschreiben dann nicht mehr vom Einschlafen ab.

8. Zur selben Zeit aufstehen
In der ersten Zeit nach der letzten Krebsoperation bin ich immer zur selben Zeit aufgestanden. Sogar am Wochenende habe ich mir einen Wecker gestellt, um auch dann zur selben Zeit aufzustehen. Ich hatte das Gefühl, dass dies meinem Schlafrhythmus hilft.
Als es mit dem Schlafen wieder einigermaßen gut ging, habe ich ausprobiert, ob sich das Schlafen wieder verschlechtert, wenn ich am Wochenende länger schlafe. Das Ausschlafen hat das Einschlafen nicht verhindert, so dass ich mittlerweile am Wochenende keinen Wecker mehr stelle. Am Wochenende schlafe ich nun oft etwas länger als in der Woche.
Gelegentlich wacht mein Körper am Wochenende aber dennoch recht früh auf und dann akzeptiere ich das. Ich stehe dann auch früh auf, was den Vorteil bringt, mehr vom freien Tag zu haben. Der Nachteil ist natürlich, dass weniger Schlaf vielleicht auch weniger schön macht. Aber gut, damit kann ich leben.

Zu dem Zeitpunkt, als die Kollegin zu mir sagte: „Also, ich könnte damit ja nicht mehr ruhig schlafen", konnte ich tatsächlich überhaupt noch nicht gut schlafen. Da ich das aber nicht mit ihr erörtern wollte, habe ich einfach gesagt: „Och, ich schlafe mal besser, mal schlechter." Heute stimmt das sogar und die Tage, an denen ich schlechter schlafe, sind deutlich weniger als die Tage, an denen ich besser schlafe.

Impuls für mein Leben:
Einfach Dinge für einen besseren Schlaf ausprobieren,
auch wenn es das Wäscheabhängen
mitten in der Nacht ist.

Hast du schon mal PMR ausprobiert?

(Hä? PM was??)

Vor einigen Jahren habe ich mal in der Volkshochschule einen Kurs zum Thema Entspannungstechniken gemacht. Das war echt nichts für mich. Ich habe mich völlig fehl am Platz gefühlt bei – aus meiner (damaligen) Sicht – so viel esoterischem Kram.

Zunächst sollten wir uns auf den Rücken legen und uns vorstellen, dass wir am Meer sind. Ich mag das Meer sehr und bin gerne dort. Die Übung hat bei mir bewirkt, dass ich jetzt auf der Stelle in den Urlaub ans Meer fahren wollte. Blöd, dass der nächste Urlaub noch so weit weg war. Ich lag da also auf dem Rücken, dachte ans Meer und war gefrustet, dass ich jetzt nicht wirklich am Meer sein konnte. Diese erste Übung hatte mich also schon mal nicht entspannt.

Die nächste Übung war eine sogenannte Reise durch den Körper. Wir lagen immer noch auf dem Rücken und sollten uns jetzt nach den Anweisungen der Kursleiterin vom Kopf über die Arme bis zu den Beinen „spüren und loslassen". Nun ja, ich habe mich gespürt und zwar meinen Rücken, der mir mittlerweile weh tat auf dem harten Boden mit nur einer dünnen Matte. Ansonsten habe ich natürlich auch alle anderen Körperteile wahrgenommen. Aber wie soll ich zum Beispiel meinen Arm „loslassen"? Der Arm ist doch zum Glück an meiner Schulter dran. Loslassen will ich den Arm daher doch nicht. Der soll schön bleiben, wo er ist. Du ahnst es sicher schon: Die Reise durch meinen Körper war auch nichts für mich.

Nach der Reise durch den Körper durften wir uns hinstellen und den „Kreisel" machen. Dabei breitet man die Arme aus und dreht sich ganz schnell um die eigene Achse. Das hat mir echt Spaß gemacht und war lustig. Leider ist mir davon voll schwindelig geworden. Ich bin wie eine Besoffene für ein paar Sekunden rumgetorkelt. Kein schönes Gefühl. Und von Entspannung keine Spur.

Anschließend wurden wir aufgefordert, wild durcheinander zu laufen, zu hüpfen oder zu springen und dabei laut zu lachen. Zuerst habe ich gedacht, das muss „Versteckte Kamera" sein. Als dann aber kein Fernsehteam aufgetaucht ist, habe ich gedacht, dass es einen Versuch wert ist. Tut ja nicht weh. Sieht halt nur total lächerlich aus. Ich bin also genau wie die anderen rumgehüpft und habe laut gelacht. Hahaha. Mein Lachen war völlig künstlich und hat mich überhaupt nicht entspannt, weil ich mich echt unwohl gefühlt habe.

Als dann die Klangschale rausgeholt wurde, war ich raus. Im wahrsten Sinne des Wortes. Ich bin gegangen. Klar habe ich mich bei der Kursleiterin bedankt, bevor ich gegangen bin. Sie hatte sich wirklich Mühe gegeben. Aber mir war das zu esoterisch und ich konnte mich nicht richtig auf die Übungen einlassen. Ich war einfach fehl am Platz.

Mit Sicherheit haben alle diese Übungen ihre Berechtigung. Wenn sie Menschen helfen, sich zu entspannen oder sich sonst irgendwie wohler zu fühlen, ist das prima. Nur für mich ist das eben nichts.

Als ich diese Erfahrungen mal meiner Freundin Anna schilderte, fragte sie: „Hast du schon mal PMR ausprobiert?" Ich fragte zurück: „PM was?" Anna erklärte mir dann, dass PMR für Progressive Muskelrelaxation (oder: Progressive Muskelentspannung) steht. Hierbei werden nacheinander bestimmte Muskelgruppen angespannt und danach entspannt. Durch das Anspannen und Entspannen der einzelnen Muskelgruppen wird man insgesamt ruhiger.

Ich habe Anna gesagt, dass das doch sehr nach demselben Esoterikkram klingt, den ich im VHS-Kurs gemacht habe.

Da ich aber ein neugieriger Mensch bin und ich ja schließlich weiß, dass Entspannung für die allgemeine Gesundheit wichtig ist, habe ich PMR ausprobiert. Und der Knaller ist: PMR wirkt bei mir! Echt! Der Clou ist, dass man bei dieser Entspannungstechnik selbst mitmachen kann, indem man die Muskeln zuerst anspannt und dann entspannt. Das aktive Mitmachen kommt mir sehr gelegen, denn mir einfach nur was erzählen zu lassen, wie etwa „Wir stellen uns vor, wir sind am Meer“, das ist für mich offensichtlich zu passiv. Jetzt mache ich also mehrmals in der Woche PMR. Mit einer Anleitung per APP und Kopfhörern funktioniert die Entspannung durch PMR bei mir am besten. Zwar kenne ich die einzelnen Schritte mittlerweile auswendig und könnte PMR auch ohne geführte Anleitung machen. Nach meiner Erfahrung kann ich mich aber besser einlassen, wenn ich nicht beim Entspannen der einen Muskelgruppe bereits schon an die Anspannung der nächsten Muskelgruppe denke. Ohne Anleitung bin ich außerdem viel schneller fertig als mit Anleitung, und die Entspannung bleibt dabei auf der Strecke.
Also hat es sich für mich bewährt, PMR mit Anleitung zu machen und einfach abzuwarten, bis die nette Stimme mir sagt, dass ich jetzt die nächste Muskelgruppe anspannen kann. Die Kopfhörer helfen mir, abzuschalten und das Drumherum auszublenden. Ich hätte nie gedacht, dass irgendeine Entspannungstechnik bei mir funktioniert. PMR tut es. Voll super!

Mein Mann und ich haben PMR sogar in unseren Alltag am Wochenende integriert. Und das kam so: Mein Mann hat sich schon immer gerne nach dem Mittagessen hingelegt. Er kann ohne PMR oder sonst irgendeine Anleitung sehr gut entspannen. Er legt sich einfach hin und entspannt. Schön

für ihn. Blöd nur, wenn wir wegen seines Hinlegens nach dem Mittagessen in Zeitverzug kommen hinsichtlich all der Dinge, die wir uns für den Tag vorgenommen haben. Ich lebe halt nach dem Motto: „Was du heute kannst besorgen, das verschiebe nicht auf morgen." Mein Mann lebt eher nach dem gegenteiligen Motto: „Was du heute kannst besorgen, das verschiebe ruhig auf morgen."
Es ist kein Geheimnis, dass ich das Hinlegen nach dem Mittagessen nicht befürwortet habe. Reine Zeitverschwendung. Als ich nun aber PMR ausprobiert hatte und es mir guttat, hat mein Mann seine Chance gewittert. Er schlug vor, dass ich doch am Wochenende immer nach dem Mittagessen PMR machen könne, er würde sich dann aus Solidarität mit hinlegen. Ja klar. Aus Solidarität.
Nun hatte ich seinerzeit bereits die Erfahrung gemacht, dass ich mir zwar schon öfter vorgenommen hatte, am Wochenende PMR zu machen, aber ich mir schlichtweg keine Zeit dafür genommen habe. Mir erschien es daher sinnvoll, für PMR einen festen Zeitpunkt festzulegen. Und so machen wir es seither: Am Wochenende legen wir uns nach dem Mittagessen hin, ich mache PMR und mein Mann entspannt sich einfach so.
Dass PMR für mich funktioniert, hatte ich also schon vor der letzten Krebsdiagnose erkannt und PMR regelmäßig am Wochenende gemacht. Zusätzlich habe ich PMR auch gelegentlich nach der Arbeit in der Woche gemacht. Manchmal habe ich mich dabei ertappt, dass ich gedacht habe: „Ach, dafür habe ich jetzt echt keine Zeit." Aber dann habe ich gemerkt, wie blöd das war. Wieso sollte ich nicht zehn Minuten am Tag Zeit für PMR haben? Es wäre doch traurig, wenn ich noch nicht einmal zehn Minuten am Tag erübrigen könnte. Als ich das erkannt habe, war klar: Die Zeit für PMR nehme ich mir.

Mit der letzten Krebsdiagnose ist PMR für mich noch wichtiger geworden. Das letzte Mal Krebs und dessen Folgen (siehe dazu Kapitel „Darüber spricht man nicht!“) haben mich nicht gerade entspannter gemacht. Im Gegenteil: Ich habe festgestellt, dass ich mich doch öfter sehr angespannt fühle – im wahrsten Sinne des Wortes spannen sich meine Muskeln an, zum Beispiel runzle ich dann die Stirn oder meine Schultern verspannen sich.
Das merke ich insbesondere dann, wenn die Freude darüber, überlebt zu haben, von der Angst, noch ein weiteres Mal Krebs zu bekommen, verdrängt wird (siehe dazu Kapitel „Hast du keine Angst, dass der Krebs wiederkommt?“). Wenn diese Angst Oberhand gewinnt und sich meine Muskeln irgendwie angespannt anfühlen, mache ich PMR. Das hilft natürlich nicht, die Angst zu beseitigen, aber es lenkt ab und macht ruhiger. Immerhin.

Nachdem ich PMR ausprobiert hatte und es mir gut gefallen hat, habe ich das gleich Anna erzählt und sie hat sich für mich gefreut. Irgendwann später hat sie mich mal angerufen, um zu fragen, ob wir uns an dem Tag zum Spazierengehen treffen, worauf ich geantwortet habe: „Ich mache nur noch kurz PMR und dann können wir gerne los.“ Anna hat gelacht und gesagt: „Jetzt hörst du dich ja selbst an wie eine Esoterik-Tante.“ So ändern sich die Zeiten: Mit PMR mache selbst ich „Esoterikkram“.
Aufgrund meiner Erfahrung mit PMR habe ich sogar meine Meinung zum Schulfach „Entspannung“ geändert. Als mein Patenkind in der Grundschule das Schulfach „Entspannung“ hatte, habe ich damals gedacht: „Statt rumzuentspannen sollten die Kinder doch besser was Richtiges wie etwa Lesen oder Rechnen lernen.“ Ich habe das Schulfach damals wirklich für völligen Quatsch gehalten und war froh, als es bei

meinem Patenkind wieder abgeschafft wurde. Heute denke ich da anders und bin der Meinung, dass es gut ist, wenn bereits Kinder Entspannungstechniken kennenlernen und das für sich Passende so früh wie möglich entdecken können.

Wenn man Entspannungsmethoden bereits in der Grundschule kennenlernt, wird dem Ganzen auch der Esoterik-Touch genommen, sodass es für das Kind normal wird, Entspannungstechniken anzuwenden, wenn es mag. Ich glaube, dass ein normaler Umgang mit Entspannungstechniken förderlich wäre – für Kinder und Erwachsene.

Impuls für mein Leben:
Es gibt Entspannungstechniken, die passen für mich.

Wieso gehst du denn zu einer Psychotherapeutin?

(Wieso nicht?)

Klar wäre ich gerne Superwoman, die alles alleine schafft und keine Hilfe benötigt. Bin ich aber nicht.
Bereits nach der dritten Krebserkrankung habe ich mir gedacht, dass dreimal schon ziemlich krass ist und habe einen Termin bei einer Psychotherapeutin gemacht. Ich hatte die Erwartung, dass ich Tipps im Umgang mit dreimal Krebs bekomme. Dieser Termin mit der Psychotherapeutin war für mich der totale Reinfall. Die Therapeutin hat sich damals meine Krankheitsgeschichte angehört und dann gesagt „Das ist wirklich sehr schlimm."
An dem Punkt war das Thema Psychotherapie für mich schon wieder erledigt. Irgendwie hatte ich von einer Therapeutin mehr erwartet als die Erkenntnis, dass es schlimm ist. Denn dass Krebs schlimm ist, wusste ich selber. Für diese Erkenntnis brauchte ich echt keine Therapie. Nach dieser Äußerung der Therapeutin wollte ich nur noch nach Hause. Ich habe mich nach dem Termin schlechter gefühlt als vorher und habe daher beschlossen, dass ich keine Psychotherapie machen möchte. Es hat sich nicht richtig angefühlt und ich bin nie wieder hingegangen.

Jetzt nach der vierten Krebsdiagnose habe ich noch einen Versuch gewagt. Im Krankenhaus hatte man mir gesagt, dass eine Psychotherapie schon vielen Krebspatienten im Umgang mit ihrer Erkrankung geholfen habe. Das Gespräch mit dem Arzt im Krankenhaus lief so ab:

Arzt: „Wir bieten ihnen auch gerne psychologische Unterstützung an."

Ich: „Nee. Danke."
Arzt: „Wieso nicht? Sie haben Krebs. Das ist sicher nicht einfach für Sie und eine Therapie hat schon vielen Krebspatienten geholfen."
Ich: „Ich war vor vielen Jahren schon einmal bei einer Therapeutin und fand es schrecklich. Ich hatte den Eindruck, dass die mit dem Thema Krebs überfordert war."
Arzt: „Es gibt spezielle Psychoonkologen, deren Schwerpunkt auf der Betreuung von Krebspatienten liegt."
Ich: „Oh."
Pause.
Ich: „Danke für den Tipp. Ich überlege es mir."
Arzt: „Gut. Dann zeigen Sie mir jetzt mal Ihren Bauch. Was macht die Wunde?"

Ich habe es mir überlegt. Als ich nach der Operation wieder halbwegs auf den Beinen war, bin ich zu einer neuen Psychotherapeutin gegangen. Vor dem Termin habe ich noch gedacht, dass ich bestimmt kein Gespräch mit einer Psychotherapeutin brauche. Auch nicht, wenn sich diese auf Psychoonkologie spezialisiert hat. Ich habe schließlich weder einen an der Waffel noch bin ich sonst irgendwie ballaballa im Kopf; außerdem war ja auch der erste Versuch schon so richtig in die Hose gegangen.
Nun, da habe ich mich aber mal so richtig geirrt. Ich bin natürlich immer noch nicht irre im Kopf, aber das muss man auch nicht sein, um psychologische Unterstützung in Anspruch zu nehmen. Jetzt habe ich es kapiert. Eigentlich merkwürdig, dass ich so dachte. Wenn man in anderen Ländern, zum Beispiel den USA sagt, dass man eine Psychotherapie macht, ist das völlig normal und man wird nicht für völlig bekloppt gehalten. Ich dachte da anders. Bis zu meinem ersten Termin bei der Psychoonkologin.

Bereits in unserem ersten Gespräch hat sie mir erzählt, was nach ihrer Erfahrung die Themen sind, die Krebspatienten so beschäftigen. Ich war echt baff. Es war, als kenne sie mich schon länger oder als könne sie direkt in meinen Kopf reinschauen. Okay, ich war hier absolut an der richtigen Adresse.
Ich habe mal gehört, dass eine Psychotherapeutin doch nichts anderes sei als eine Person, die man dafür bezahlt, so zu tun, als sei sie eine Freundin. Das halte ich für völligen Quatsch. Ich habe echt tolle Freunde/Freundinnen und alle sind immer, immer für mich da. Niemand von ihnen hatte jemals Krebs. Zum Glück! Deshalb können die Freunde/Freundinnen nur begrenzt die Gedanken verstehen, die man als Krebspatient hat. Richtig verstehen, ich meine, so richtig verstehen kann mich nur jemand, der selbst mal Krebs hatte oder eben jemand, der viel mit Krebspatienten zu tun hat.
Ich stelle mir das so vor wie mit dem Fallschirmspringen. Das Gefühl des Sprungs kann doch auch nur derjenige richtig nachempfinden, der es selbst mal gemacht hat. Der Unterschied ist halt nur, dass der Fallschirmsprung im Idealfall ein Glücksgefühl auslöst und dass Krebs einfach nur kacke ist.
Meine Bekannte Frauke hat mich mal gefragt, ob ich nachmittags Zeit für einen Spaziergang habe. Ohne groß zu überlegen habe ich gesagt, dass ich da nicht kann, weil ich einen Termin bei der Psychotherapeutin habe. Frauke hat mich daraufhin völlig verdattert angeschaut und gefragt: „Wieso gehst DU denn zu einer Psychotherapeutin?“ Ich habe damals geantwortet: „Weil ich nicht Superwoman bin.“ Wenn mir diese Frage nochmal gestellt werden sollte, werde ich mit „Wieso nicht?“ antworten. Ohne Rechtfertigung. Ohne Begründung.

Frauke hat übrigens gesagt, dass ich aus ihrer Sicht schon auch ein bisschen Superwoman sei, weil ich mich nach der Operation so ins Leben zurückgekämpft hätte. Das fand ich echt nett! Das Thema Psychotherapie haben Frauke und ich seither nicht mehr angesprochen. Wir hatten schönere, leichtere Themen und die Details der Gespräche mit meiner Psychoonkologin gehen ja auch niemanden etwas an.
Meine Psychoonkologin kennt übrigens auch keinen Patienten, der schon viermal Krebs hatte. Außer mir jetzt natürlich. Im Zusammenhang mit meinen vier Krebserkrankungen hat sie mal zu mir gesagt: „Sie sind nicht normal." Da habe ich voll laut gelacht. Gemeint hat sie natürlich, dass meine vier Krebserkrankungen schon außergewöhnlich sind, aber es stimmt wohl auch sonst, dass ich nicht „normal" bin. Hätte ich sonst dieses Buch geschrieben? Ich habe übrigens nach dem Termin bei der Psychoonkologin meinem Mann erzählt, dass sie gesagt habe, ich sei nicht normal. Mein Mann grinste und sagte daraufhin nur: „Das wusste ich schon."

Die wichtigste Erkenntnis aus der psychoonkologischen Betreuung war für mich die „Radikale Akzeptanz". Das bedeutet, dass ich im Idealfall ohne Wenn und Aber akzeptiere, dass ich nun eben schon viermal Krebs hatte. Auch wenn etwas zu akzeptieren nicht zugleich bedeutet, dass man es auch gut findet, so finde ich schon allein das Akzeptieren von Krebs nicht leicht. Aber von leicht war ja auch nie die Rede.
Bei mir scheinen der Kopf und das Gefühl unterschiedlich zu ticken. Mein Kopf weiß natürlich sehr genau, dass ich wiederholt Krebs hatte, er war ja schließlich jedes Mal dabei und akzeptiert das auch ganz rational. Obwohl mein Gefühl bei allen Krebserkrankungen ebenfalls anwesend war,

scheint es das aber gelegentlich nicht akzeptieren zu wollen. Wenn mein Kopf an mein Gefühl meldet: „Hallo Gefühl, ich bin der Kopf und weiß genau, dass der Krebs jetzt schon viermal da war. Du musst das einfach mal akzeptieren", dann antwortet das Gefühl: „Hallo Kopf, ich will aber keine vier Mal." Die Erkenntnis, so oft Krebs gehabt zu haben, ist halt schwer auszuhalten.

Irgendwann wird bestimmt auch mein Gefühl erkennen, dass „Ich will aber keine viermal Krebs" die Zeit nicht zurückdrehen kann und den Krebs nicht ungeschehen macht. Ich gebe meinem Gefühl einfach mal Zeit. In der Vergangenheit ist es ihm schließlich gelungen, mit dreimal Krebs klarzukommen, dann sollte es das wohl auch ein viertes Mal hinkriegen. Und es gibt ja auch derzeit schon Tage, in denen nicht nur mein Kopf, sondern auch mein Gefühl die Realität annimmt. Mal gelingt die radikale Akzeptanz ganz gut, mal nicht. Klar würde ich am liebsten gar nichts akzeptieren müssen, aber der Krebs war nun halt da. Es ist, wie es ist.

Impuls für mein Leben:
Face the facts (frei übersetzt: Es ist, wie es ist).

Wieso hast du keine Kinder?

(Das geht dich einen Scheißdreck an.)

Das Wichtigste vorweg: Wenn man sich den Krebs mal wegdenkt, habe ich ein echt schönes Leben – auch ohne Kinder. Keine Kinder zu bekommen, war eine bewusste Entscheidung, mit der ich gut leben kann. Und ob mein Leben mit Kindern noch besser gewesen wäre, weiß ich nicht. Vielleicht, vielleicht auch nicht. Letztlich hatte ich auch keine echte Wahl, da meine Entscheidung, keine Kinder zu bekommen, mit meinen Krebserkrankungen zu tun hat.

Als ich meinen heutigen Mann kennengelernt habe, waren wir beide noch nicht einmal 20 Jahre alt. Mein Krebs war damals für uns kein vorrangiges Thema, denn ich hatte ihn damals erst einmal gehabt. Meine erste Krebserkrankung, die Leukämie im Kindesalter, war schrecklich – eigentlich gibt es für diesen Höllentrip kein angemessenes Wort – aber sie lag damals schon viele Jahre zurück. Und wir gingen davon aus, dass der Krebs bei mir ausgestanden ist.

Meinem heutigen Mann und mir war schnell klar, dass wir zusammenbleiben wollen. Nach wenigen Monaten des Zusammenseins haben wir daher auch darüber gesprochen, ob wir mal Kinder haben möchten. Ich habe damals gesagt, dass ich elf Kinder haben und in einer Villa Kunterbunt leben wollte. Warum es unbedingt elf sein sollten, weiß ich heute nicht mehr. Und auch eine Villa Kunterbunt ist heute nicht mehr so mein Ding. Aber seinerzeit habe ich das ganz ernst gemeint.

Mein heutiger Mann hat damals zu mir gesagt: „Lass uns später erst einmal mit einem Kind anfangen. Dann sehen wir weiter." Diese Herangehensweise war natürlich vernünftig und daher in Ordnung für mich. Wir wollten also gemeinsam ein Kind und vielleicht noch weitere. Zugleich war uns damals mit noch nicht einmal 20 Jahren auch wichtig, dass wir uns vor dem Kinderkriegen beruflich etablieren und mit dem ersten Kind erst dann anfangen, wenn wir beruflich fest im Sattel sitzen. Ich hatte damals ja noch nicht einmal eine Ausbildung oder ein Studium beendet. Also wollten wir das Kinderthema erst in fünf Jahren oder später angehen. So war der Plan, den das Schicksal, die Kackbratze, einfach torpediert hat.

An unserem ersten Jahrestag, also genau ein Jahr nach unserem Kennenlernen, wurde ich wegen einer Schilddrüsenüberfunktion an der Schilddrüse operiert. Während der Operation hat man dann den Krebs in der Schilddrüse entdeckt. Das war dann mein zweiter Krebs. Es folgte eine Strahlentherapie. Da man in den ersten Jahren nach der Strahlentherapie nicht schwanger werden sollte, hatte sich das Kinderthema für uns erst einmal erledigt. Aufgegeben hatten wir es aber noch nicht, nur eben wegen der Strahlentherapie verschoben.
Als einige Jahre später der zweite Schilddrüsentumor, also meine dritte Krebserkrankung, auftrat und ich wieder eine Strahlentherapie machen musste, war der Drops gelutscht. Auf Anraten der Ärzte haben wir auf Kinder verzichtet. Wir haben also nie versucht, ein Kind zu bekommen. Diese Entscheidung haben wir als persönliche Entscheidung unter Abwägung aller Umstände getroffen. Es war unsere Entscheidung für unser Leben, die wir nicht rechtfertigen wollen. Bereut haben wir sie bisher nicht.
Andere Krebspatienten treffen in einer vergleichbaren Situation möglicherweise eine andere Entscheidung und bekommen Kinder. Dies ist dann deren persönliche Angelegenheit, die sie ebenfalls nicht rechtfertigen müssen. Jeder darf für sich selbst entscheiden, ob er Kinder bekommen

möchte oder nicht – und das gilt unabhängig davon, ob man Krebs hatte oder nicht.

Dass wir keine Kinder haben, ist öfter mal ein Thema in Gesprächen und scheint kleine Kinder genauso zu interessieren wie Erwachsene. Die Gespräche mit kleinen Kindern über unsere Kinderlosigkeit verlaufen oft wie folgt: Das Kind fragt: „Hast du Kinder?“ Ich sage: „Nein“, und das Kind fragt dann: „Wieso hast du keine Kinder?“ Diese Frage finde ich absolut in Ordnung, wenn sie ein Kind stellt. Die Frage spiegelt die kindliche Neugier wider und diese Neugier finde ich für ein Kind wichtig. Um ehrlich zu sein, kann ich mir kaum eine Frage eines Kindes vorstellen, die ich nicht versuchen würde zu beantworten. Gegenüber einem Kind antworte ich daher auch gerne: „Ich war mal sehr krank und habe deshalb keine Kinder bekommen.“ Diese Antwort haben bisher alle Kinder, die mich gefragt haben, akzeptiert. Fragt mich indes ein Erwachsener: „Wieso hast du keine Kinder?“, wird es für mich komplizierter. Oft ist es bei Erwachsenen nach meiner Erfahrung nämlich so, dass sie die Frage zugleich mit einer vermuteten Begründung versehen, wie zum Beispiel: „Du wolltest bestimmt Karriere machen.“ Oder: „Du magst wohl keine Kinder.“ Oder: „Doppeltes Einkommen war euch sicher wichtiger.“

Für mich sind diese Vermutungen eine Zumutung. Ich brauche mich doch nicht zu rechtfertigen, weil ich keine Kinder habe! Selbst wenn ich keine bekommen hätte, weil ich mich ausschließlich auf meine Karriere hätte konzentrieren wollen, wäre das völlig in Ordnung gewesen. Jede Entscheidung, keine Kinder zu bekommen, ist eine persönliche Entscheidung, die andere gefälligst zu akzeptieren haben. Eine Begründung für die eigene Kinderlosigkeit schulde ich niemandem. Dies gilt vor allem, weil ich den Grund dafür nun wirklich nicht jedem auf die Nase binden will.

Natürlich habe ich bei Erwachsenen wiederholt probiert, mit demselben Satz zu antworten, den ich auch gegenüber Kindern verwende, also: „Ich war mal sehr krank und habe deshalb keine Kinder bekommen." Nach meiner Erfahrung funktioniert dieser Satz bei Erwachsenen leider nicht, weil diese dann bislang immer nachgefragt haben: „Echt? Was hattest du denn?" Da ich diese Frage jedenfalls gegenüber diesen Personen nicht beantworten möchte, verwende ich den obigen Antwortsatz nur gegenüber Kindern. Kinder scheinen ein besseres Gespür dafür zu haben, wann eine Antwort ausreicht.

Am einfachsten wäre es wohl für mich, wenn ich auf die Frage eines Erwachsenen „Wieso hast du keine Kinder?" antworten würde: „Du, es hat bei uns leider nicht geklappt mit dem Kinderkriegen." Das wäre aber nicht die Wahrheit, weil ich es ja nie probiert habe, ein Kind zu bekommen. Außerdem fände ich diese Antwort unfair denjenigen Paaren gegenüber, die tatsächlich lange versucht haben, ein Kind zu bekommen, und es bei ihnen schlichtweg nicht klappt.

Die Wahrheit wäre, zu sagen „Ich hatte mehrfach Krebs." Da ich aber viele Jahre bewusst niemandem davon erzählt habe, dass ich überhaupt mal Krebs hatte (siehe dazu Kapitel „Wieso hast du das noch nie erzählt?"), kam diese Antwort für mich lange Zeit nicht in Betracht. Jetzt, nach der vierten Erkrankung, habe ich die Entscheidung getroffen, offener damit umzugehen. Es ist für mich nicht mehr ausgeschlossen, auf die Frage, warum ich keine Kinder habe, die Wahrheit zu sagen.

Erst kürzlich waren wir auf einer Gartenparty einer Freundin. Dort kam ich mit dem Nachbarn der Freundin ins Gespräch. Irgendwann fragte er: „Echt, du hast keine Kinder? Wieso nicht?" Da habe ich mal die Katze aus dem Sack gelassen, um zu schauen, wie der Typ reagiert. Ich habe knallhart gesagt: „Ich hatte viermal Krebs und war mit Überleben beschäftigt." Wie zu erwarten, kam der Typ mit dieser Antwort nicht klar: Er hat „Oh!" gesagt und unser Gespräch dann schnell beendet. Tja, wer nach dem Grund für meine Kinderlosigkeit fragt, muss eben auch damit rechnen, mit der unschönen Wahrheit konfrontiert zu werden. Da ich aber weiß, dass wohl niemand cool ist, wenn es um Krebs geht (siehe dazu Kapitel „Was machst du denn für Sachen?"), bin ich dem Nachbarn echt nicht böse.

In den letzten Jahren habe ich eine Antwort auf die Frage „Wieso hast du keine Kinder?" gefunden, die jedenfalls meistens dafür sorgt, dass nicht weiter nach dem näheren Grund für meine Kinderlosigkeit gefragt wird. Ich sage dann „Wir haben keine Kinder aus medizinischen Gründen." In dieser Antwort steckt die Wahrheit, aber eben auch unzählige andere medizinischen Möglichkeiten, warum wir keine Kinder haben.

Manchmal ist mir auch die Äußerung „Du hast es gut, du hast keine Kinder" begegnet. Das finde ich sehr bemerkenswert, insbesondere weil diese Äußerung bislang immer von Menschen kam, die selbst Kinder haben. Finden diese Menschen, dass sie es mit Kindern nicht gut haben und nur ein Leben ohne Kinder schön ist? Nun, da würde meine Freundin Pauline wohl energisch widersprechen. Sie hat drei Kinder und ist absolut glücklich darüber. Pauline macht das mit ihren Kindern auch echt toll. Unbestritten ist das Leben mit Kindern anstrengend. Da wir keine haben, kann ich auch nur aus der Ferne erahnen, was es bedeutet, welche großzuziehen. Umgekehrt bedeutet es aber nicht, dass ein Leben ohne Kinder automatisch unanstrengend ist. Für mich ist das Leben nach Krebs auch kein Ponyhof.

Auf die Aussage „Du hast es gut, du hast keine Kinder" erwidere ich übrigens schon seit vielen Jahren immer dasselbe: „Jede Medaille hat zwei Seiten. Einerseits haben wir ein echt schönes Leben ohne Kinder und genießen unser Leben sehr. Andererseits sitzen wir Weihnachten alleine unterm Weihnachtsbaum.“ Ich habe noch niemanden erlebt, dem dann nicht die Kinnlade runtergefallen wäre. Thema beendet.

Funfact am Rande: Mein Mann und ich müssen Weihnachten natürlich nicht allein verbringen. Unsere Familien laden uns dann regelmäßig zu sich ein. Wir genießen allerdings die Weihnachtszeit gerne alleine und lassen das trubelige Jahr in Ruhe und in Zweisamkeit ausklingen. Wir müssen also nicht alleine unterm Weihnachtsbaum sitzen, wir wollen das so.

Dennoch zeigt der Spruch mit der Medaille, dass jede Entscheidung eben Vorteile, aber auch Nachteile hat. Da die Aussage „Du hast es gut, du hast keine Kinder“ bislang immer von Menschen getroffen wurde, die gerne Weihnachten mit ihren Kindern verbringen, haben diese Menschen den Satz mit der Medaille sofort verstanden und erkannt, dass der Umstand, keine Kinder zu haben, eben auch Konsequenzen hat, die sie selbst nicht tragen wollten.

Gelegentlich sagt auch jemand: „Oh, ich bin ja so neidisch auf dein Leben. Du hast keine Kinder. Wollen wir nicht tauschen?“ Meine Antwort ist dann mittlerweile sehr klar und deutlich: „Wenn Du mit mir tauschen willst, gerne. Dann nimm aber auch meine vier Krebserkrankungen.“ Ich brauche wohl nicht zu erwähnen, dass dann plötzlich keiner mehr tauschen will. Das kann ich sogar gut verstehen. Ich will ja auch nicht mit mir tauschen. Aber der Krebs kam einfach ohne Einladung.

Insgesamt finde ich, dass Erwachsene die Frage „Wieso hast du keine Kinder?“ einfach nicht stellen sollten. In der Sesamstraße wird gesungen: „Wer nicht fragt, bleibt dumm.“

Ein Lernsatz, den ich sowohl für Kinder als auch für Erwachsene völlig richtig finde. Würden wir uns keine Fragen mehr stellen, dann würden wir uns nicht weiterentwickeln, was schade wäre. Dennoch sind bestimmte Fragen einfach übergriffig und für mich unangemessen. „Wieso hast du keine Kinder?“, ist für mich eine solche Frage. Ich behalte mir bei solchen Fragen vor, zu antworten wie ich gerade will: Entweder ich antworte – wie meist – ausweichend („medizinische Gründe“). Oder ich sage die knallharte Wahrheit („Krebs“), die dem Gegenüber vielleicht unangenehm ist. Auf der Zunge liegt mir manchmal, einfach „Das geht dich einen Scheißdreck an“ zu sagen. Doch dafür war ich bislang zu höflich.

Impuls für mein Leben:
Wer mich unangemessen fragt,
muss dann auch meine Antwort aushalten.

Weinst du?

(Ja, und es ist nicht der Regen.)

„Nah am Wasser" gebaut wäre die Untertreibung des Jahres. Auch „sehr nah am Wasser gebaut" wäre noch zu harmlos für meinen Charakter. „Exorbitant extrem nah am Wasser gebaut" trifft es da wohl noch am ehesten. Seit jeher, also nicht erst nach der letzten Krebsdiagnose, schießen mir die Tränen bei allen möglichen und unmöglichen Situationen in die Augen.

Das kann bei einer Filmszene sein, in welcher die Protagonisten endlich erkennen, dass sie sich lieben. Selbst wenn (wie meist) bereits zu Beginn des Films klar ist, dass beide Personen sich lieben und finden werden, berührt es mich trotzdem immer wieder.

Auch kann ich gut heulen, wenn irgendjemand etwas geschafft hat, was er sich schon immer erträumt hat. Zum Beispiel, wenn jemand oft Weitsprung geübt hat und endlich seine bisherige persönliche Bestmarke überspringt. Puh, da habe ich Tränen in den Augen.

Auch wenn jemand anders weint, weine ich mit und zwar unabhängig davon, ob ich die andere Person kenne oder nicht.

Meine Familie und Freunde kennen das schon und nehmen es gelassen. Um ehrlich zu sein, sie gehen mit meinen Tränen deutlich lockerer um als ich. Mein Umfeld findet meine Tränen irgendwie sympathisch (warum auch immer). Mir sind meine Tränen voll peinlich.

Als wir zum Beispiel mit unserem Patenkind einen Film geschaut haben, den das Patenkind schon kannte, aber unbedingt noch einmal schauen wollte, hat es im Vorfeld zu mir gesagt: „Du Maren, da gibt es eine Szene, da musst du bestimmt weinen." Ich habe damals gedacht, das ist doch

Quatsch, ich heule doch nicht bei einem Kinderfilm. Als dann im Film der liebgewonnene Familienhund starb, hat mich mein Patenkind von der Seite angeschaut und natürlich hatte ich Tränen in den Augen. Mein Patenkind war dann voll süß und meinte: „Der Hund war bestimmt schon sehr alt und wollte in den Hundehimmel."

Die Tränen kommen mir natürlich nicht nur, wenn ich Szenen mit mir nicht nahestehenden Menschen beobachte. Besonders schlimm sind Situationen mit Menschen, die ich liebhabe.

Wenn zum Beispiel die Kinder meiner Freundin Pauline Geburtstag haben, wird immer das Geburtstagslied mit der Liedzeile „Wie schön, dass du geboren bist, wir hätten dich sonst sehr vermisst" gesungen. Bei dieser Zeile kullern mir jedes Jahr die Tränen aus den Augen. Als die Kinder noch klein waren, bin ich bei dem Lied immer aus dem Zimmer gegangen und habe so getan, als ob ich aufs Klo müsste.

Irgendwann hat dann ein Kind an meinen geröteten Augen erkannt, dass ich nicht auf dem Klo war und gefragt: „Weinst du?" Ich habe geantwortet: „Ja, aber nicht, weil ich traurig bin. Ich freue mich einfach nur mit dir und dann muss ich halt heulen." Meine Freundin hat dann noch ergänzend erklärt, dass Menschen nicht nur weinen, wenn sie traurig sind oder ihnen etwas wehtut, sondern eben auch, wenn sie sich besonders doll freuen.

Seit diesem Tag bleibe ich während des Geburtstagsliedes im Zimmer und versuche mitzusingen, was gar nicht so einfach ist mit Tränen in den Augen. Die Kinder schauen bei der Liedzeile immer zu mir rüber, und wären, glaube ich, enttäuscht, wenn ich mal nicht heulen sollte. Ich warte jedes Jahr darauf, dass ich bei dem Lied trockene Augen behalte. Auch wenn die Kinder dann möglicherweise ent-

täuscht wären, ich würde mich über Augen ohne Tränen freuen. Das Heulen bei dem Lied ist mir ja so peinlich.
Bis jetzt konnte ich die Tränen aber noch nie zurückhalten. Seit mittlerweile 15 Jahren geht das jetzt schon so. Vielleicht schaffe ich es ja zur Volljährigkeit der Ältesten in drei Jahren.
Die Einschulungen von Neffe, Nichten und Patenkindern waren auch so ein Thema. Der Ablauf der Veranstaltungen, bei denen ich dabei war, hat sich immer geähnelt. Zunächst hat die Schulleitung ein paar nette Worte an die neuen Schüler gerichtet. Anschließend haben dann Kinder aus den höheren Klassen ein kleines Bühnenstück aufgeführt. Schon diese Aufführungen fand ich sehr berührend, weil sich die Kinder immer so viel Mühe gegeben haben; manchmal hatte ich auch hierbei schon Tränen in den Augen – obwohl ich die Kinder aus der Aufführung ja gar nicht kannte.
Irgendwann kam dann immer der Moment, in welchem die neuen Klassenlehrer die Erstklässler zu deren erster Schulstunde aufriefen. Da standen sie nun auf der Bühne – meine „kleinen" Neffen, Nichten, Patenkinder – und waren jetzt echte Schulkinder. Schwups, ich hatte mal wieder Tränen in den Augen.
Die erste Einschulung bei der ich dabei war – außer meiner eigenen natürlich –, war die Einschulung meines Neffen. Damals hat mir meine Schwägerin ein Taschentuch gereicht, weil ich keins dabeihatte. Ich bin wirklich nicht davon ausgegangen, dass mich die Einschulung so rührt. An Taschentücher hatte ich überhaupt nicht gedacht. Meine Schwägerin kannte den Ablauf einer Einschulung und sie kannte mich. Deshalb hatte sie extra für mich ein Taschentuchpäckchen eingesteckt.
Heute sind fast alle Kinder aus meinem Umfeld eingeschult und jede Einschulung war, trotz der Tränen, echt schön. Nur

mein kleinster Neffe ist noch nicht eingeschult, was in etwa vier Jahren ansteht. Auf seine Einschulung freue ich mich schon heute – mit oder ohne Tränen.

Manchmal schießen mir auch noch viele Jahre später die Tränen in die Augen, wenn ich an bestimmte Szenen denke. Zum Beispiel musste mein Patenkind, als es zwei Jahre alt war, mit Lungenentzündung ins Krankenhaus. Als ich die Tür zum Zimmer öffnete, stand das Kind im Schlafanzug in einem Gitterbettchen und schaute mich an. Obwohl die Lungenentzündung nicht ernst war und das Kind nur zur Beobachtung im Krankenhaus, und obwohl natürlich die Eltern da waren und das Kind super betreut, ist die Szene in meinem Gedächtnis geblieben. Und die Tränen kommen immer noch, wenn ich daran denke.

Natürlich heule ich regelmäßig, wenn man mir was schenkt. Vor allem bei selbstgebastelten Geschenken schießen mir die Tränen in die Augen. Zum Beispiel habe ich schon mal von meinen Patenkindern einen selbstgebastelten Adventskalender bekommen. Ich meine nicht einen gekauften, den man dann selbst bestückt, sondern einen, bei dem für jeden Tag ein kleines Kästchen selbst gebastelt war. Mega! Und klar, ich hatte Tränen in den Augen, als die Kinder mir den Kalender überreichten – und manchmal auch noch an den folgenden Tagen, wenn ich ein Türchen geöffnet habe. Einfach, weil das so lieb von meinen Patenkindern war.

Als meine Freunde und Familie zu meinem 50. Geburtstag einen Film gedreht haben, habe ich von der ersten bis zur letzten Szene durchgeheult. Im Film hat jeder von einem Erlebnis mit mir berichtet, das ihm besonders in Erinnerung geblieben ist. Oh Mann, das hat mich echt gerührt. Der Film ist so schön, dass ich ihn mir immer und immer wieder anschaue. Ich brauche wohl nicht zu erwähnen, dass ich hierbei jedes Mal aufs Neue heule.

Mir ist die Heulerei peinlich. Ich weiß, das müsste sie nicht, ist aber so. Wenn ich mir die Heulerei wegwünschen könnte, würde ich das tun. Insbesondere wünsche ich mir, dass ich keine Tränen mehr in die Augen bekomme, wenn fremde Personen dabei sind. Aber auch gegenüber meiner Familie und Freunden würde ich gerne etwas weniger emotional reagieren. Ich möchte wirklich kein kalter Klotz sein, aber irgendwas zwischen jetzt und kalter Klotz wäre nett.
Das vorbeschriebene Weinen aus Mitgefühl halte ich für eine persönliche Eigenschaft, die bei mir halt stark ausgeprägt ist. Etwas weniger davon fände ich gut, wenn es aber so bliebe, käme ich damit auch klar.

Neben diesem Weinen aus Mitgefühl gibt es aber noch ein anderes Weinen, auf das ich wirklich verzichten kann, und das auf jeden Fall bitte wieder so schnell wie möglich verschwinden soll. Dieses Weinen kommt manchmal, wenn ich daran denke, dass ich schon mehrfach Krebs hatte.
Dann kommen nicht nur einzelne Tränen in die Augen, dann heule ich richtig. Man glaubt gar nicht, wie viele Tränen in so einem Auge sind. Bei mir kullern die Tränen dann minutenlang und ich schluchze echt laut. Richtiges Weinen eben. Währenddessen fühle ich eine Wut, weil mich der Krebs schon so oft getroffen hat und ich mich voll ungerecht behandelt fühle. Außerdem spüre ich dann Angst vor dem fünften Mal Krebs (siehe dazu Kapitel „Hast du keine Angst, dass der Krebs wiederkommt?“). Ich möchte dann einfach nur raus aus meinem Körper. Geht aber natürlich nicht.
Mir ist völlig klar, dass diese Gefühle in meiner Situation normal sind. Wer würde nicht weinen nach Krebs? Wenn so ein Weinen kommt, lasse ich meinen Tränen einfach freien Lauf. Ich heule und schluchze, heule und schluchze. Manchmal möchte ich dann einfach allein sein. Manchmal gehe

ich auch schluchzend zu meinem Mann, der mich dann in den Arm nimmt. Er braucht in dieser Situation gar nichts zu sagen, sondern ist einfach da. Manchmal rufe ich dann aber auch meine beste Freundin an, die dann meist sagt: „Ist echt scheiße." Wo sie recht hat, hat sie recht.

Manchmal heule ich wegen der Krebskacke aber auch weniger dramatisch. Zum Beispiel kommen mir manchmal Tränen in die Augen, wenn ich meine Narbe am Bauch anschaue oder wenn mir der Bauch weh tut. Dann erinnere ich mich daran, dass ich schon wieder Krebs hatte und Tränen schießen in meine Augen.
Heulen könnte ich auch, wenn ich merke, dass ich nach der letzten Operation körperlich wirklich Federn gelassen habe. Das passiert, wenn ich zum Beispiel schon nach ein bisschen Staubwischen erschöpft bin. Oder beim Line Dance, wenn wir einen Tanz tanzen, den ich vor der Operation easy weggetanzt habe, und der mich jetzt einfach viel mehr Kraft kostet.
Wenn ich mal wieder meine äußerliche Blitzalterung wahrnehme (siehe dazu Kapitel „Darüber spricht man nicht!"), kann ich meist damit umgehen, manchmal kommen mir aber auch dann die Tränen.
Kurz nach der letzten Diagnose habe ich sogar Tränen in die Augen bekommen, bloß weil mich jemand gefragt hat, wie es mir geht (siehe dazu Kapitel „Wie geht es dir?"). Das war mir besonders peinlich.
Ich habe sogar schon mal während PMR geweint (siehe dazu Kapitel „Hast du schon mal PMR ausprobiert?). Das war kurz nachdem ich aus dem Krankenhaus entlassen worden war. Mir sind einfach so die Tränen gelaufen, während die nette Dame in der PMR-App gerade sagte: „Drücken Sie jetzt die Oberarme fest an ihren Brustkorb."

An meinem ersten Krebs-ist-raus-Jahrestag, also dem Tag, an dem die letzte Operation genau ein Jahr her war, habe ich auch geheult. Das war ein komisches Heulen; denn einerseits war es Heulen vor Glück, überlebt zu haben und andererseits war es zugleich auch Heulen, weil mir bewusst wurde, dass es schon der vierte erste Jahrestag war.
Manchmal kommen mir auch die Tränen, wenn ich daran denke, dass ich vor der letzten Krebsdiagnose wirklich daran geglaubt habe, dass ich nicht mehr vom Krebs getroffen werde und dass ich jetzt nur irgendwie hoffen kann, diese Zuversicht wieder zurückzubekommen. Ich kriege dann schon mal Tränen in die Augen.

Wenn ich merke, dass die Tränen wegen Krebs kommen, versuche ich schnell, an etwas Schönes zu denken. Ich habe mal gehört, dass das helfen soll. Bei mir hilft das aber eher selten. Das mag vielleicht daran liegen, dass ich nicht genug Fantasie oder Vorstellungskraft habe, was sich ja schon bei der „Reise durch den Körper" gezeigt hat (siehe dazu Kapitel „Hast du schon mal PMR ausprobiert?")
Auch habe ich mal gehört, dass man, wenn die Tränen kommen, an den Spruch „count your blessings" denken soll. Wörtlich übersetzt heißt das so viel wie „Zähle deine Segnungen" und gemeint ist, dass man dankbar für das Gute sein muss, das man hat. Wenn bei mir die Tränen wegen Krebs kommen, macht mich der Gedanke an diesen Spruch allerdings eher wütend. Was soll bitte an Krebs gut sein? Um die Tränen zu unterdrücken, hilft mir der Spruch jedenfalls nicht. Ansonsten hat er natürlich seine volle Berechtigung. Ich habe viermal Krebs überlebt. Das ist ja nun wirklich Glück hoch vier. Nur wenn die Tränen kommen, hilft diese Erkenntnis leider nichts. Dann heule ich einfach los – trotz Glück hoch vier.

Man sagt, dass das Weinen die Seele reinigt. Gemeint ist damit wohl, dass man sich nach dem Weinen besser fühlt. Man sei nach dem Weinen erleichtert und fühle sich etwas glücklicher. Nun, bei mir ist das nicht so. Ich fühle mich nach dem Weinen weder erleichtert noch glücklicher. Nach dem Weinen finde ich Krebs genauso kacke wie vor dem Weinen und genauso kacke wie während des Weinens. Das Weinen ändert bei mir nichts an meiner Angst vor einer Wiedererkrankung und ändert auch nichts an meiner Wut auf das Schicksal, die Kackbratze. Ich kann auf das Weinen gut verzichten.

Von der Band „Echt" gibt es ein Lied mit der Zeile „Sag mal, weinst du oder ist das der Regen, der von deiner Nasenspitze tropft?" Nun, bei mir ist es nicht der Regen. Ich habe schon wirklich viel geweint. Eigentlich dürfte ich gar keine Tränen mehr haben. Und wenn es nach mir ginge, wäre mit der Heulerei auch endlich Schluss. Tränen aus Mitgefühl gegenüber anderen sind mir peinlich und Tränen wegen Krebs machen ihn auch nicht ungeschehen. Also bitte weg mit den Tränen.

Wegen Krebs weine ich nur noch sehr selten, weil ich zum Glück meist glücklich bin (siehe dazu Kapitel „Bist du glücklich?"). Das ist zwar nach diesem Kapitel kaum zu glauben, aber ich habe es geschrieben, ohne eine einzige Träne zu vergießen. Wirklich! Das finde ich echt mega gut. Und die Tränen beim Geburtstagslied gehen ja vielleicht auch irgendwann mal weg. Doch wenn die Tränen in Zukunft unbedingt raus wollen, egal ob wegen Krebs oder wegen etwas anderem, dann sollen sie halt.

Impuls für mein Leben:
Wenn die Tränen kommen, kannst du eh nix machen.

Sie sehen schrecklich aus.

(Wie unhöflich!)

Ja, ich habe mich nach der letzten Operation äußerlich sehr verändert. Und nein, ich bin nicht schöner geworden. Im Gegenteil, ich bin blitzgealtert und das sieht man leider auch (siehe dazu Kapitel „Darüber spricht man nicht!"). Trotz dieser Veränderung finde ich es übergriffig, wenn man mich auf mein Äußeres anspricht – außer es ist positiv. Denn Komplimente mag ich schon gerne.
Ich habe mal gehört, dass es möglicherweise sinnvoll ist, überhaupt nicht das Äußere von jemand anderem zu kommentieren. Insbesondere Mädchen werden wohl schon früh auf ihr Äußeres reduziert, indem ihnen zum Beispiel gesagt wird, wie schön sie sind oder wie schön ihr Kleid ist.
Jungs hingegen bekommen wohl eher Komplimente für ihr Können. Beispielsweise werden, anders als Mädchen, Jungs vermutlich mehr dafür gelobt, wie toll sie den Lego-Bagger zusammengebaut haben. Hingegen sagt man einem Jungen wohl eher nicht, wie toll er aussieht oder wie schön seine Latzhose ist.

Ich habe nicht genug Erfahrung, um das beurteilen zu können, aber eines weiß ich ganz genau: Ich habe Kinder in unserem Umfeld, ob weiblich oder männlich, immer voll dafür abgefeiert, wenn sie Lego zusammengebaut haben – selbst dann, wenn ich gar nicht erkennen konnte, was das Gebilde sein sollte; im Zweifel war es eben moderne Kunst. Ich erinnere mich noch daran, dass ich mal gedacht habe: „Das soll ein Dinosaurier sein? Das sieht für mich eher wie ein Autounfall aus." Gesagt habe ich das natürlich nicht, sondern habe das damals vierjährige Kind voll gelobt. Es war stolz und so soll es in dem Alter auch sein, finde ich.

Allerdings muss ich zugeben, dass ich in der Vergangenheit nur den weiblichen Kindern gesagt habe, wie schön ich ihr Kleid finde; die männlichen Kinder haben schlichtweg keine Kleider angehabt. Ob ich den Jungs irgendwann mal ein Kompliment für ihre Klamotten gemacht habe, weiß ich gar nicht. Vielleicht nicht. Das war möglicherweise nicht so gut. Glücklicherweise sind sowohl die Mädchen als auch die Jungs trotzdem gut geraten.
Vielleicht ist es richtig, Kindern keine Komplimente für ihr Äußeres zu machen. Irgendwie kann ich diesen Ansatz nachvollziehen. Nur, ich bin ja kein Kind mehr. Okay, ich bin immer das Kind meiner Eltern, aber rein altersmäßig gehe ich seit Langem nicht mehr als Kind durch. Und ich mag Komplimente. Und zwar Komplimente jeder Art – auch für mein Kleid oder mein Äußeres.
Allerdings mag ich Komplimente nur, wenn sie ehrlich gemeint sind. Ob ich es merke, wenn mir jemand ein nicht ernstgemeintes Kompliment macht, weiß ich nicht. Wahrscheinlich würde ich es nicht merken, weil ich stets davon ausgehe, dass mein Gegenüber auch ehrlich meint, was es sagt. Das ist wahrscheinlich naiv, aber so ticke ich nun einmal: Wenn ich ein Kompliment mache, meine ich das genau so. Und diese Ehrlichkeit erwarte ich halt auch von meinem Gegenüber.

Mein Mann macht mir regelmäßig Komplimente – auch über mein Äußeres. Das finde ich auch richtig so, denn das Komplimentemachen ist integraler Bestandteil unserer Beziehung. Er feiert mich ab und ich feiere ihn ab. Natürlich machen wir uns nur echte, ernstgemeinte Komplimente. Jedenfalls gehe ich davon aus, dass es mein Mann ernst meint, wenn er hinter mir die Treppe hochläuft und „Hallo, Knackarsch!“ sagt. Ich finde das witzig und es schmeichelt mir.

Und klar, mein Mann darf auch sagen, dass ihm etwas nicht gefällt. Was wäre das für eine Beziehung, wenn man sich nur Komplimente machen dürfte, ohne auch zu kritisieren? Das wäre jedenfalls keine Beziehung, die ich führen möchte. Über meine neue Narbe hat er zum Beispiel mal gesagt: „Schön ist die nicht, aber ich sehe die schon gar nicht mehr." Da ist mein Mann schon wesentlich weiter als ich (siehe dazu Kapitel „Die Narbe gehört jetzt zu dir.").
Ich kann mich nicht daran erinnern, dass ich vor der Operation von anderen Menschen Komplimente für mein Äußeres bekommen habe. Das lag aber sicher nicht daran, dass mein Äußeres nicht Anlass für ein Kompliment gegeben hätte; schließlich war ich nicht hässlich, sondern das Äußere war einfach nie ein Thema in Gesprächen. Ich habe, glaube ich, einfach nicht den Eindruck erweckt, dass ich über mein Äußeres sprechen möchte; und so war es auch.

Jetzt nach der Operation scheine ich andere Vibes auszusenden. So viele Kommentare zu meinem neuen Äußeren wie in den letzten Monaten habe ich in meinem ganzen vorherigen Leben nicht zu hören bekommen. Ich finde das echt unangenehm und unangemessen.
Als ich ein Kleid trug, sagte eine Bekannte, die von meiner Krebserkrankung wusste, zu mir: „Du hast abgenommen. Schön, wenn sich der Bauch im Kleid nicht mehr abzeichnet, ne?" Inhaltlich stimmte die Aussage, denn der Tumor in der Gebärmutter war sehr groß und dadurch hatte ich einen kleinen Bauch, der sich im Kleid abzeichnete. Durch die Operation wurde der Tumor entfernt und nun habe ich wieder einen relativ flachen Bauch.
Auch wenn die Beobachtung meiner Bekannten also stimmte und mein Bauch nun flacher ist als vor der Operation – die Äußerung finde ich trotzdem voll daneben. Ich

habe schließlich nicht durch eine Diät abgenommen. Mein Bauch ist jetzt flacher, weil da vorher ein großer bösartiger Krebstumor drin war. Dass sich der Bauch nicht mehr so dolle im Kleid abzeichnet, finde ich, wie meine Bekannte, ebenfalls „schön", aber der Grund dafür ist alles andere als „schön". Ich habe einen hohen Preis bezahlt für den flachen Bauch – er wäre mir aufgrund einer Diät lieber gewesen.
Dieselbe Bekannte sagte übrigens an einem anderen Tag mal zu mir: „Du hast jetzt die Figur, die ich immer haben wollte." Ich verstehe die Bekannte nicht, weil sie sehr sportlich ist und selbst eine top Figur hat. Neidisch muss sie nun wirklich nicht auf mich sein. Ich habe deshalb auch zu ihr gesagt: „Kannst meine Figur haben, dann nimm aber bitte auch meine Narbe." Die Narbe wollte sie dann doch nicht.

Auch ein Kollege meinte, mein Äußeres kommentieren zu müssen, als er sagte: „Du bist schmal geworden im Gesicht. Aber sonst geht's." Sonst geht's?? Voll die Frechheit! Heißt das, dass der Rest des Körpers ins Büro kommen kann, nur der Kopf nicht?
Meine Blitzalterung ist offensichtlich selbst für solche Menschen gut erkennbar, die mich nicht sehr häufig sehen. Einige Monate nach der letzten Operation traf ich meine 88-jährige Nachbarin auf der Straße. Sie schaute mich an und sagte „Sie sehen schrecklich aus. Ich hätte Sie fast nicht wiedererkannt." Puh, das saß. Also, dass ich seit der Operation ein eingefallenes Gesicht habe, weiß ich selber, aber „schrecklich" aussehen will ich nun wirklich nicht und ich finde, das tue ich auch nicht.
Eigentlich ist es witzig, dass die Nachbarin das zu mir gesagt hat. Denn einige Sekunden, bevor sie den Mund aufmachte, habe ich noch gedacht: „Puh, die hat aber abgebaut." Gesagt habe ich das natürlich nicht. Ich bin

schließlich weder unhöflich noch übergriffig. Meine Nachbarin schon, doch ich verbuche das unter „verzeihliche Altersunverschämtheit".
Ein langjähriger Mandant, mit dem ich das erste Mal nach meiner Rückkehr ins Büro wieder telefoniert habe, konnte mein Äußeres nicht kommentieren, weil wir an diesem Tag die Teams-Kamera nicht anhatten. Dennoch sah er sich in der Lage, zumindest irgendwas zu kommentieren, denn er sagte: „Ihre Stimme hört sich aber noch genauso an wie vorher." Ich musste lachen und dann habe ich gesagt: „Na, ich hatte ja auch keinen Krebs an den Stimmbändern, sondern in der Gebärmutter." Okay, das war ein wenig frech und mir ist es so rausgerutscht. Aber was ich gesagt habe, stimmt ja auch.
Der Mandant und ich haben uns dann fachlich ausgetauscht und er meinte im weiteren Verlauf des Gesprächs: „Ach, was bin ich froh, dass Sie wieder da sind. Sie sind fachlich einfach super, das ist unbestritten. Aber auch menschlich mag ich Sie, weshalb es mich umso mehr freut, dass es Ihnen wieder besser geht." Das ist doch mal ein sehr schönes Kompliment! Ich habe mich gefreut und ihm das auch gesagt. Bis heute arbeite ich gerne mit diesem Mandanten zusammen.
Was nehmen sich die Leute raus, einfach mein Äußeres (oder meine Stimme) so zu kommentieren? Darf man alles zu mir sagen, bloß weil ich Krebspatientin bin? Ich meine, nicht! Für mich gelten doch dieselben Umgangsformen wie für jeden anderen Menschen auch. Wenn diese Menschen Sandra Bullock treffen würden, würden sie sich doch auch nicht trauen, ihr zu sagen, dass sie doch recht schmal geworden sei, oder? Wieso sagt man mir das dann? Meinen die, ich kann das ab? Nach dem Motto: Sie hat Krebs überlebt, da können wir ein bisschen unsensibel sein? Echt jetzt?

Vielleicht spiegeln all diese Äußerungen auch die Unsicherheit dieser Leute im Umgang mit Krebs wider. Oder sie sind unzufrieden mit ihrem eigenen Äußeren und projizieren das jetzt auf mich. Egal, welchen Grund diese Menschen haben: Ich finde, erst nachzudenken und dann zu sprechen, ist immer ein guter Ansatz. Wenn den Leuten kein echtes positives Kompliment einfällt, dann sollen sie einfach die Klappe halten. Einfach gar nichts sagen. Mein Äußeres muss nicht kommentiert werden. Wenn ich wissen will, wie ich aussehe, schaue ich in den Spiegel.

Impuls für mein Leben:
Manche Leute wissen nicht, dass ich einen Spiegel besitze.

Mir ging es letzten Monat auch richtig schlecht.

(Echt?)

Immer wieder passiert es mir, dass Kollegen oder Bekannte zu mir sagen: „Du, mir ging es letzten Monat auch richtig schlecht.“ Und unabhängig davon, ob ich nachfrage oder nicht, schildert man mir dann detailliert, dass

- das Überkronen eines Zahns im vorigen Monat sehr schmerzhaft war oder
- man letzten Monat die Treppe runtergefallen ist und riesige blaue Flecken davongetragen hat oder
- sich vergangenen Monat ein Pickel fies entzündet hat oder
- man letzten Monat wegen einer eingewachsenen Warze eine ambulante Operation am Finger hat durchführen lassen müssen oder
- man letzten Monat wegen einer Grippe eine Woche lang mit Fieber im Bett lag

oder oder oder …

Weil die Äußerung „Du, mir ging es letzten Monat auch richtig schlecht“ das Wort „auch“ beinhaltet, habe ich am Anfang immer gedacht, dass es sich auch um Krebs oder auch um eine andere schwere Krankheit handelt. Aber nein, es waren Zahnweh, blaue Flecken, ein Pickel, Fieber oder eine Mini-Operation. Echt jetzt? Und dafür wird das Wort „auch“ verwendet? Will man mir damit wirklich sagen, dass man es „auch“ schwer hatte? Ist man wirklich der Meinung, dass diese Krankheiten vergleichbar sind mit einer Krebserkrankung?

Es tut mir wirklich leid, wenn jemand anders Zahnschmerzen hat; das Überkronen eines Zahnes hat auch mir echt weh getan. Hohes Fieber hatte ich ebenfalls schon und weiß daher, dass es wirklich schönere Dinge gibt. Auch die anderen Krankheiten, die man mir geschildert hat, sind sicher unangenehm. Aber ich möchte ehrlich sein: All das empfinde ich als pillepalle im Vergleich zu meiner letzten Krebserkrankung und erst recht im Vergleich zu meinen gesamten vier Krebserkrankungen. Bei Krebs hat man eine reelle Chance, nicht zu überleben, dass aber jemand bei dem Überkronen eines Zahns oder an einem entzündeten Pickel gestorben ist, habe ich noch nie gehört.

Manchmal habe ich das Gefühl, dass ich auf einer anderen Bewertungsebene unterwegs bin. Meine Bewertung von Krankheiten scheint von der anderer Menschen deutlich abzuweichen. Wenn andere Menschen finden, dass es ihnen „richtig schlecht" geht, finde ich das meist nicht. „Richtig schlecht" ist für mich der Zustand während einer Chemotherapie oder während einer Bestrahlungstherapie oder unmittelbar nach einer Operation, wenn man vor Schmerzen nicht laufen kann und selbst die Schmerzpumpe nichts bringt.

Zwar möchte auch ich weder Zahnweh noch eine Warze noch Fieber noch blaue Flecken haben, aber ich finde, „richtig schlecht" passt einfach nicht. Ich würde mir lieber alle Zähne überkronen lassen, als noch mal Krebs zu bekommen. Und ich würde sogar Zahnweh, eine Warze, Fieber und blaue Flecken gleichzeitig in Kauf nehmen, wenn ich dafür nur eine meiner Krebserkrankungen ungeschehen machen könnte oder wenn ich dadurch die nächste Krebserkrankung verhindern könnte.

Böse bin ich nicht, wenn mal wieder die Äußerung „Du, mir ging es letzten Monat auch richtig schlecht" kommt. Ich denke, dass sich halt jemand, der selbst keinen Krebs hatte, nicht vorstellen kann, was es bedeutet, Krebs zu haben. Derjenige weiß nicht, wie es ist, eine Chemotherapie, Strahlen-

therapie und/oder schwere Krebsoperation und die damit zusammenhängenden körperlichen und seelischen Folgewirkungen (siehe dazu Kapitel „Darüber spricht man nicht.“) mitzumachen. Und weil er das alles nicht wissen kann, findet er eben seine Krankheiten „auch“ schlimm.
Wenn heute wieder mal jemand kommt und sagt, dass es ihm letzten Monat „auch richtig schlecht“ ging, dann denke ich meist: „Echt? Dir ging es ‚auch‘ schlecht? Was hattest du denn? Einen eingerissenen Fingernagel?“ Ich weiß, diese Gedanken sind wirklich nicht nett. Zu meiner Verteidigung möchte ich aber anführen, dass ich das bislang wirklich nur gedacht habe. Und dass ich es sicherlich auch nie laut sagen werde, weil das natürlich echt unhöflich wäre.
Ich versuche wirklich, der Krankheitsgeschichte meines Gegenübers zuzuhören und emphatisch zu sein. Mal gelingt mir das ganz gut, mal kann ich „es war ja so schlimm“ aber auch nicht ertragen und dann wechsele ich schnell das Thema.

Natürlich habe ich mich gefragt, was diese Menschen anders machen könnten. Mir würde es schon reichen, wenn sie „auch richtig schlecht“ weglassen würden. Mein Bruder macht das nämlich so. Er würde nie zu mir sagen, dass es ihm „auch richtig schlecht“ geht. Wenn meinem Bruder irgendwas weh tut oder er sich über irgendwas geärgert hat, dann möchte ich das gerne wissen, weil ich seine große Schwester bin und ich meinen Bruder echt mag. Er erzählt mir von seinem Befinden oder Erlebnis und sagt dann allerdings auch: „Ich weiß, all das ist nichts im Vergleich zu dem, was du alles schon durchgemacht hast.“ Mein Bruder hat es halt einfach kapiert.
Mein Schicksal ist ganz sicher nicht das schlimmste Schicksal auf der Welt, das einem widerfahren kann. Ich habe den

Krebs schließlich überlebt und bin trotz allem ein echter Glückskeks (siehe dazu Kapitel „Bist du glücklich?“). Unter Berücksichtigung aller Schicksale, die ich bislang kennengelernt habe, finde ich meins allerdings schon echt oberkacke, weshalb ich einfach eine andere Definition von „mir geht es richtig schlecht“ habe als andere.

Impuls für mein Leben:
„Richtig schlecht“ ist Ansichtssache.

Ich nehme Kurkumahonig.

(Aha …)

Im Nachhinein muss ich immer noch grinsen, wenn ich an diese Situation zurückdenke: Ich stand in der Schlange vor einer Bäckerei. Zwei Frauen, die ebenfalls dort gewartet haben, kannten sich und die eine Frau sagte zur anderen, dass sie leider in den letzten Wochen nicht zum Volleyball kommen konnte, weil sie krank war.

Was sie genau für eine Krankheit hatte, hat sie nicht gesagt. Trotzdem hat die andere Frau daraufhin folgendes gesagt: „Also ich nehme Kurkumahonig. Ich bin deswegen in den letzten 20 Jahren nie krank gewesen und ich habe sogar noch nicht einmal mehr einen Hausarzt. Ich schwöre auf Kurkumahonig, der schützt vor allen Krankheiten."

Ich stand neben diesen Frauen und hätte fast laut losgeprustet vor Lachen. Hat die andere Frau wirklich wörtlich gesagt „schützt vor allen Krankheiten"? Echt jetzt? ALLE Krankheiten? Wenn das stimmt, dann würde Kurkumahonig auch vor Krebs schützen. Das wäre ja eine sensationelle Entdeckung und wir könnten die Krebsstationen in allen Krankenhäusern der Welt schließen. Ach, wäre das toll!

Die andere Frau hat gesehen, dass ich schief gegrinst habe und mein Lachen kaum zurückhalten konnte. Sie hat daraufhin nochmal nachgelegt und gesagt „Echt! Meine ganze Familie hat keinen Hausarzt mehr. Ich nicht, mein Mann nicht und meine Tochter auch nicht. Wir nehmen alle Kurkumahonig und sind dadurch einfach nicht krank." Aha … Zugunsten dieser anderen Frau gehe ich mal davon aus, dass sie nicht wirklich meinte, dass Kurkumahonig vor ALLEN Krankheiten schützt. Wahrscheinlich meinte sie, dass sie beim Anflug einer Erkältung Kurkumahonig nimmt und die Erkältung dann schneller wieder abklingt. Ob das bei ihr allerdings allein durch den Kurkumahonig bewirkt wird oder nicht doch auch wesentlich darauf basiert, dass sie möglicherweise einen gesunden Lebensstil hat, viel Sport macht und dadurch gute Abwehrkräfte aufgebaut hat, ist offen. Wenn die andere Frau aber das Gefühl hat, dass ihr Kurkumahonig hilft, ist das aus meiner Sicht doch die Hauptsache. Mit ihrem Kurkumahonig schadet sie ja niemandem.

Sollte die Frau allerdings wirklich meinen, dass Kurkumahonig vor ALLEN Krankheiten schützt, hat sie einen an der Waffel. Meine Krebszellen jedenfalls hat es sicherlich nicht interessiert, ob ich Kurkumahonig zu mir nehme oder nicht. Ich denke aber, die andere Frau weiß das auch. Als sie das mit dem Kurkumahonig sagte, hatte ich noch nie etwas davon gehört. Honig kenne ich und Kurkuma auch. Honig kommt bei mir aufs Brot und Kurkuma nehme ich oft als Gewürz für Reis.

Aber Kurkumahonig? Was soll das sein? Ist das Honig von Bienen, die nur Kurkumapflanzenblüten anfliegen? Wenn das so wäre, wie soll man die Bienen denn dann kontrollieren? Oder ist Kurkumahonig einfach das Gewürz Kurkuma, nur eben in der Konsistenz von Honig? Bislang kenne ich Kurkuma nur als trockenes Pulver, aber vielleicht kann man Kurkuma ja auch honigartig kaufen. Ich wusste halt einfach nichts mit dem Begriff „Kurkumahonig“ anzufangen.

Aber neugierig war ich schon. Deshalb habe ich, als ich wieder zu Hause war, sofort recherchiert und herausgefunden, dass Kurkumahonig einfach nur ein mit Kurkuma gewürzter Honig ist. Ach so. Das ist dann ja noch witziger als ich dachte, denn ich nehme ja schon seit vielen Jahren Honig und Kurkuma zu mir. Trotzdem habe ich Krebs bekommen. Ich bin also der Gegenbeweis zur These, dass Kurkumahonig gegen ALLE Krankheiten hilft.

Vielleicht setzt eine besondere Wirkung aber auch nur ein, wenn man Kurkuma und Honig mischt und gleichzeitig, also zusammen, einnimmt. Das habe ich tatsächlich noch nie gemacht, bin mir aber sicher, dass Kurkuma und Honig zwar gute Eigenschaften haben, jedoch selbst als Mischung Krebs nicht verhindern. Ich wünsche der anderen Frau jedenfalls sehr, dass sie weiterhin gesund bleibt und nie die Erfahrung machen muss, dass Kurkumahonig leider nicht alle Krankheiten verhindert.

Lustig finde ich den Gedanken mit dem Kurkumahonig heute noch. Ich stelle mir vor, wie ich beim Arzt sitze und ich ihm erkläre, dass ich ab sofort keine Kontrolluntersuchungen mehr brauche, weil ich jetzt Kurkumahonig nehme. Zum Brüllen komisch!
Oder ich stelle mir vor, dass ich zum Arzt sage „Ich weiß jetzt, warum ich Krebs bekommen habe. Ich habe keinen Kurkumahonig gegessen!" Ich könnt mich bei dem Gedanken wegschmeißen vor Lachen!

Impuls für mein Leben:
Kein Zeug der Welt heilt alle Krankheiten.

Das war aber sarkastisch.

(und zwar so was von)

Mein Mann und ich saßen auf dem Sofa und haben uns einfach so durch das laufende Fernsehprogramm gezappt. Ich weiß, nicht zu streamen ist völlig old school, und manchmal sind wir das halt eben. Okay, mein Neffe würde jetzt sagen, dass wir nicht nur „manchmal" old school sind, sondern eigentlich immer, aber das ist wohl eine Frage der Generation.
Nun ja, mein Mann und ich haben also von Programm zu Programm geschaltet und sind irgendwann bei einer Sendung über das Handwerken hängengeblieben. Handwerkersendungen interessieren normalerweise weder meinen Mann noch mich. Mein Mann ist selbst ein echt guter Handwerker und deshalb interessiert ihn so ein Handwerkerbabykram im Fernsehen nicht. Und für mich ist das noch nie ein interessantes Thema gewesen.
Wir haben also bis zu diesem Tag noch nie eine Handwerkersendung geschaut. Doch bei dieser einen Sendung sind wir hängengeblieben. Nicht, weil es eine Handwerkersendung war, sondern weil die Protagonistin „Maren" hieß. Mir ist klar, dass ich nicht die einzige „Maren" auf dem Planeten bin, aber mein Name kommt nun eben doch seltener vor als andere Vornamen. Weil die Handwerkerin in der Sendung wie ich hieß, wollten wir schauen, was das denn so für eine andere Maren ist.

Nun, diese Maren hat das Dach ihres Gartenhauses renoviert und wurde hierbei durch das Kamerateam begleitet. Diese Maren hatte in etwa mein Alter und arbeitete sehr akribisch und genau. Sie hatte sich im Vorfeld einen Plan gemacht und alles millimetergenau ausgemessen. Die

neuen Holzteile hatte sie millimetergenau zusägen lassen. Als sie merkte, dass ein Holzbalken zwei Millimeter zu lang war, hat sie den Balken noch einmal zuschneiden lassen, sodass er auf den Millimeter genau ihren Berechnungen entsprach. Der Reporter, ein Profi-Handwerker, fand das völlig übertrieben, da es bei einer Gartenhütte nicht auf jeden Millimeter ankomme. Aber für diese Maren war es wichtig, alles ganz exakt auszuführen.
Ich habe für diese Maren vollstes Verständnis, denn ich ticke ganz ähnlich. Wollte ich das Dach meiner Gartenhütte renovieren, würde ich ganz genauso wie sie vorgehen. Auch ich arbeite absolut gewissenhaft und exakt. Ich konnte den Profi-Handwerker daher gar nicht verstehen, der diese andere Maren für ihr genaues Arbeiten kritisierte. Zwischen mir und dieser Maren gab es ganz klar Parallelen. Voll witzig.
Als mein Mann und ich dieser Maren eine Weile zugeschaut hatten, sagte mein Mann zu mir: „Die Maren dort ist ja so wie Du."
Und ich antwortete: „Ob die Maren dort wohl auch schon viermal Krebs hatte?"
Daraufhin sagte mein Mann: „Das war aber sarkastisch."
Dann haben wir uns angegrinst und haben beide gelacht.

Natürlich war mir klar, dass diese Maren im Fernsehen nicht auch viermal Krebs hatte und ich wünsche ihr sehr, dass das auch so bleibt. Genau weiß ich nicht, warum mir das beim Fernsehschauen so rausgerutscht ist. Vielleicht, weil kaum jemand so etwas durchgemacht hat wie ich. Selbst eine andere Maren mit ähnlichen Charaktereigenschaften musste nicht viermal Krebs bekämpfen. Bei allen Parallelen zwischen dieser Maren und mir, ich bin einfach nicht normal (siehe dazu Kapitel „Wieso gehst du denn zu einer Psychotherapeutin?").

Zu dieser Zeit kannte ich Herrn S. (siehe dazu Kapitel „Wir schaffen das!“) noch nicht. Doch selbst wenn, hätte ich es wahrscheinlich trotzdem gesagt. Irgendwie muss der Frust über mein Schicksal, die Kackbratze, wohl manchmal einfach raus – auch wenn es dann sarkastisch wird.
Bei einem Gartenfest meiner Freundin Lena habe ich ihre Nachbarin getroffen. Irgendwie scheinen sich Krebspatienten instinktiv zu erkennen, denn wir sind recht schnell darauf gekommen, dass wir beide Krebs hatten. Da die Situation mit der anderen Maren im Fernsehen damals erst vor einigen Tagen passiert war, habe ich der Nachbarin davon erzählt. Ich habe ihr auch gesagt, dass mich meine Reaktion erstaunt hat, weil ich sonst nicht sarkastisch bin. Die Nachbarin hat wissend gelächelt und gesagt, dass sie das kenne.
Dann hat sie mir ihre Geschichte erzählt: Ihr Mann und sie wollten Silvester nach Paris fahren. Mitte Dezember gab es eine fiese Grippewelle im Ort, woraufhin ihr Mann zu ihr sagte: „Hoffentlich stecken wir uns nicht mit der Grippe an. Ich befürchte, dass es uns auch trifft und wir dann wegen der Grippe nicht nach Paris fahren können.“ Darauf sie: „Nee, Grippe nehme ich nicht, ich nehme nur Krebs.“ Irgendwie hat mich diese Geschichte von Lenas Nachbarin beruhigt. Wir sind übrigens in Kontakt geblieben.

Impuls für mein Leben:
Im Umgang mit Krebs darf es manchmal auch Sarkasmus sein.

So, und jetzt heben Sie ihr rechtes Bein.

(Das geht anatomisch nicht!)

Die letzte Operation hat mich körperlich echt zurückgeworfen. Vorher habe ich mich fit gefühlt und hinterher wie eine sehr, sehr alte Frau. Ich konnte fast nichts mehr. Die Treppe hochzugehen war eine Qual, Spazierengehen ging nur ein paar Schritte. Und auch sonst war ich einfach so gar nicht mobil.

Ich hatte das Gefühl, als hätte ich keine Bauchmuskeln mehr. Das war für mich auch völlig logisch, denn ich hatte ja einen Bauchschnitt vom Schambein bis zum Rippenbogen; und um an die Gebärmutter und Co. ranzukommen, musste man eben auch meine Bauchmuskeln durchschneiden. So dachte ich jedenfalls.

Deshalb habe ich den Chirurgen bei einer Nachuntersuchung dann auch gefragt, wie lange denn die Bauchmuskeln brauchen, um wieder zusammenzuwachsen. Der Chirurg hat mich völlig verständnislos angeschaut. Sein Gesicht war ein einziges Fragezeichen, weshalb ich noch ergänzt habe: „Na, Sie haben doch meine Bauchmuskeln durchgeschnitten. Und da wollte ich gerne wissen, wie lange es dauert, bis die wieder zusammengewachsen sind."

Der Chirurg sagte daraufhin etwas entrüstet: „Ich habe ihre Bauchmuskeln gar nicht durchgeschnitten! Ich habe nur die Verbindung zwischen den Bauchmuskeln getrennt!"

Hä? Man sah mir wohl an, dass ich nichts verstanden hatte, denn der Chirurg ergänzte „Ich habe eine Art Mittellinie durchgeschnitten. Das sind keine Bauchmuskeln, sondern nur Muskelfaszien. Wenn man die durchtrennt, ist das nicht so schlimm." Nee, ist klar, der Chirurg hat die Verbindung zwischen meinen Bauchmuskeln durchgeschnitten und das soll harmlos sein? Als ich gesagt habe, dass ich aber meine

Bauchmuskeln nicht mehr spüre, meinte der Chirurg, dass das normal sei.
Nicht, dass man mich falsch versteht: Der Chirurg hat einen guten Job gemacht. Er hat den Krebs rausgeholt und mein Leben gerettet. Und wenn er dafür die Verbindung zwischen den Bauchmuskeln trennen musste, geht das auf jeden Fall in Ordnung. Nur harmlos finde ich das halt nicht.
Aus Sicht des Chirurgen war das Durchtrennen der Mittellinie offensichtlich nicht so schlimm wie das Durchtrennen der Bauchmuskeln. Aber mir ist es egal, ob es etwas noch Schlimmeres gibt. Ich spürte schließlich meine Bauchmuskeln nicht mehr und man glaubt gar nicht, für was man diese Bauchmuskeln im Alltag alles so benötigt – eigentlich für jede Bewegung!

Sobald die Narbe zu war (siehe dazu Kapitel „Das nennt man Wundheilungsstörung.“), bin ich daher zu einer Physiotherapeutin gegangen. Es war sehr anstrengend und am Anfang auch sehr frustrierend. Eine der ersten Übungen hieß „Katze – Kuh“. Das gibt es wohl auch beim Yoga. Man geht in den Vierfüßlerstand, macht dann einen Katzenbuckel (die Katze) und anschließend ein Hohlkreuz (die Kuh), dann wieder die Katze, dann wieder die Kuh, und so weiter. Jetzt sollte man meinen, so was Einfaches geht doch selbst nach einer Operation.
Nun, ich habe meinen Rücken nur ein paar Millimeter bewegen können. Und ich war doch erst 49 Jahre alt! Was für eine Scheiße! Diese Übung hätte ich vor der Operation ohne Anstrengung zum Aufwärmen gemacht; jetzt hockte ich auf der Matte der Physiotherapeutin und merkte, dass ich so beweglich war wie ein Mehlsack. Und so fühlte ich mich auch. Ich war eine Mehlsäckin! Da ich so schnell wie möglich wieder fit werden wollte, habe ich zu Hause geübt.

„Katze – Kuh“ ging tatsächlich von Woche zu Woche besser. Als ich die ersten Übungen einigermaßen gut hinbekommen habe, hat mir die Physiotherapeutin den Seitstütz gezeigt. Kurz zusammengefasst ist das eine Übung in Seitenlage, Unterarm aufgestützt und man nimmt dann das Becken hoch. Die Beine liegen aufeinander und die Füße haben Bodenkontakt.

Am Anfang habe ich das Becken nur ganz wenig hochbekommen und mein Körper hat vor Anstrengung auch deutlich sichtbar gezittert. Meine Physiotherapeutin hat das Zittern natürlich gesehen und mit einem Augenzwinkern gesagt: „Sie zittern. Ist Ihnen kalt?“ Ich musste lachen und das tat in dieser Anfangsphase noch richtig dolle im Bauch weh. Aber lustig war’s.

Natürlich habe ich zu Hause geübt und irgendwann konnte ich das Becken schon recht gut oben halten. Ich war voll stolz, als ich der Physiotherapeutin das erste Mal zeigen konnte, dass ich den Seitstütz schon so gut hinbekomme. Ich habe erwartet, dass sie mich lobt, begeistert ist, mir einen Orden verleiht und mich voll abfeiert. Zumindest ein kleines Freudentänzchen hätte ich von meiner Physiotherapeutin erwartet.

Stattdessen hat sie gesagt: „So und jetzt heben Sie ihr rechtes Bein.“ Wie jetzt? Ich bin doch gerade im Seitstütz! Da kann ich doch nicht auch noch mein Bein heben! Ich habe daher zur Physiotherapeutin gesagt, dass es anatomisch nicht möglich ist, jetzt auch noch das rechte Bein anzuheben. Sie hat gelacht und mich ermuntert, es zu probieren. Ich habe es probiert und bin umgekippt. Plumps! Wie ein Mehlsack bin ich auf die Matte gefallen. Dann haben wir beide gelacht.

Ich fühlte mich bestätigt und habe gesagt: „Sehen Sie, das ist anatomisch nicht möglich!“ Die Physiotherapeutin hat daraufhin gesagt: „Doch, das ist anatomisch möglich. Sie haben schon so viel geschafft. Das kriegen Sie auch noch hin." Und natürlich habe ich auch das geübt und heute kriege ich beim Seitstütz auch das Bein hoch. Nicht besonders hoch und nur für ein paar Sekunden, aber immerhin.

Nach Weihnachten hat mir die Physiotherapeutin eine neue Übung gezeigt. Sie heißt „Planke" und geht kurz zusammengefasst so: Bauchlage, dann Arme und Zehen aufstellen, den Rücken dabei fest wie ein Brett machen und halten. Als ich versuchte, diese Übung auszuführen, fand ich sie zuerst gar nicht so schwer. Bis die Physiotherapeutin sagte, dass ich den Po mehr in der Mitte halten soll. Der Po dürfe nicht zu hoch und nicht zu niedrig gehalten werden. Der Körper müsse eine Linie ergeben.
Daraufhin habe ich den Po dann brav in die Körperlinie gebracht und gemerkt, wie anstrengend diese Übung tatsächlich ist, wenn man sie richtig ausführt. Lange konnte ich diese Position nicht halten und als ich nach wenigen Sekunden bereits wieder auf die Knie zurückgesackt bin, meinte die Physiotherapeutin grinsend: „Na, zu viele Weihnachtsplätzchen gegessen?" Ich habe zurückgegrinst und gesagt: „Nee, Bauchschnitt."
Heute mache ich diese Übung regelmäßig und schaffe es, die Planke schon deutlich länger zu halten als beim ersten Mal. Meine Physiotherapeutin freut das; sie hat schon angekündigt, dass es bei der Planke auch noch Steigerungen gibt, die wir bald angehen werden. Daraufhin habe ich gesagt, dass ich mir keine Steigerung von der Planke vorstellen kann, weil diese doch schon so anstrengend sei. Die Physiotherapeutin meinte, dass man bei der Planke zum Beispiel einen Fuß vom Boden lösen und das Bein in die Luft heben kann. Nee, ist klar.

Meine Physiotherapeutin meinte irgendwann mal zu mir: „Rauf aufs Pferd und reiten." Sie meinte damit, dass ich nicht aufgeben, sondern immer weiter trainieren soll, da sich dann der Erfolg auch einstellt. Um im Bild zu bleiben: Auf ein großes Pferd komme ich heute noch nicht, aber auf ein Pony schon. Und obwohl ich es schon auf ein Pony schaffe, ist diese Zeit nach Krebs für mich wirklich kein Ponyhof.

Ich mache aber weiter. Und vielleicht komme ich irgendwann auch wieder auf ein größeres Pferd.

Impuls für mein Leben:
Manchmal ist ein Pferd eben ein Pony.

Mama, warum trägt die Frau eine Maske?

(Wieso nicht?)

Als ich seinerzeit während der Leukämie auf der Isolierstation der Uniklinik lag, durfte man mein Zimmer nur mit Gesichtsmaske betreten. Das heißt, jeder Arzt, jede Ärztin, jeder Besuch und auch meine Eltern haben immer und ohne Ausnahme eine Maske getragen.
Auch ich musste stets eine Maske tragen, wenn ich zum Beispiel für Untersuchungen das Zimmer verlassen habe. Das war wichtig, weil mein Immunsystem durch die Chemotherapie sehr geschwächt war und mich das kleinste Virus hätte umbringen können.

Nachdem ich die Leukämie überstanden hatte, habe ich viele Jahre lang nicht mehr an Gesichtsmasken gedacht. Mein Zahnarzt trägt zwar während der Behandlung eine Maske, aber das habe ich nie richtig wahrgenommen, zumal ich Zahnbehandlungen überhaupt nicht mag und währenddessen lieber die Augen zumache. Darüber hinaus hatte ich keine Berührungspunkte mehr mit Masken. Ich habe nicht an Masken gedacht und habe auch keine Masken vermisst. Als dann mit Corona die Maskenpflicht kam und auch ich wieder Maske tragen musste, sind zunächst die ganzen Erinnerungen an die schreckliche Zeit der Leukämie wieder hochgekommen. Zum Glück ist dieser gefühlte Zusammenhang zwischen der Maske und der Leukämie schnell verschwunden und ich habe die Vorteile der Maske erkannt. Ich weiß, das Thema „Maske“ wird sehr hitzig diskutiert und ich werde mich an dieser Diskussion nicht beteiligen. Ich jedenfalls habe die Maske konsequent getragen, weil ich keine Lust hatte, nach damals dreimal Krebs auch noch Corona zu bekommen.

Als die Maskenpflicht aufgehoben wurde, habe ich die Maske selektiert weiterhin getragen. Immer dann, wenn ich in einer größeren Menschenmenge stand, habe ich die Maske aufgesetzt. Schon vor Corona fand ich es extrem unangenehm, fremden Atem in mein Gesicht gepustet zu bekommen und nun mit der Maske fand ich es herrlich befreiend, mich auf diese Weise vor ekligem Fremd-Atem wenigstens etwas zu schützen. Die Maske war also für mich nicht mehr ein Relikt aus schwerer Zeit, sondern ein Alltagsgegenstand geworden, den ich nach meinem persönlichen Bedarf bewusst eingesetzt habe.

Dann kam der Gebärmutterkrebs; die Ärzte rieten mir dringend, wieder sehr konsequent in allen geschlossenen Räumen Maske zu tragen. Mein Körper müsse die schwere Operation verarbeiten, die riesige Wunde auch im Inneren meines Bauches müsse erst einmal heilen und der Körper benötige dafür alle zur Verfügung stehenden Ressourcen. Wenn jetzt ein Virus auf meinen Körper träfe, würde das die Heilung möglicherweise erschweren und es bestünde das Risiko, dass die Viruserkrankung aufgrund der allgemeinen operationsbedingten Schwächung meines Körpers einen schweren Verlauf nähme.

Ich habe das verstanden und habe im ersten Jahr nach der Operation in geschlossenen Räumen wieder Maske getragen. Das betraf das Büro, den Arzt, den Supermarkt und so weiter. Schlimm fand ich das Tragen der Maske nicht, weil ich wusste, dass damit für mich nur Vorteile verbunden sind.

Meine Freunde und Freundinnen haben sich getestet, bevor sie mich besucht haben. Und seit eine Freundin herausgefunden hat, dass es sogenannte Kombi-Tests gibt, die neben Corona- auch Grippeviren umfassen, haben wir diese Tests genommen.

In den ersten Monaten haben wir uns trotz negativem Test immer noch mit Maske getroffen. Später haben wir die Masken zu Hause weggelassen. Mein Besuch hat sich weiterhin getestet, bevor er zu mir gefahren ist, und ich natürlich auch. Das lief ganz automatisch, wir haben noch nicht einmal mehr darüber geredet. Ich bin den Menschen um mich rum echt dankbar, dass sie das alles für mich mitgemacht haben. Echte Freunde und Freundinnen eben.
Heute verzichten wir sowohl auf die Tests als auch auf die Masken, wenn wir uns treffen. Sollte sich jemand nicht ganz fit fühlen, verschieben wir unser Treffen. Ganz einfach.

In Einkaufsläden trage ich auch heute noch weiterhin Maske, wenn es mir dort einfach zu voll ist. Zwar muss ich dies laut meiner Ärzte nicht mehr zwingend tun, weil bereits genug Zeit nach meiner Operation vergangen ist, aber fremden Atem mag ich immer noch nicht. Wenngleich eine Virusübertragung im Laden wohl eher unwahrscheinlich ist, möchte ich meinem Körper kein Risiko zumuten, denn ganz wiederhergestellt bin ich nach der letzten Operation nun mal immer noch nicht.
Im Laden bin ich oft die einzige Person mit Maske. Nein, das stimmt nicht, denn wenn ich mit meinem Mann zusammen einkaufen gehe, gibt es zwei Personen im Laden, die Maske tragen: mein Mann und ich. Das Tragen einer Maske ohne offizielle Maskenpflicht scheint den ein oder anderen irgendwie zu provozieren. Es kommt regelmäßig vor, dass ich im Supermarkt einen blöden Kommentar höre. Zum Beispiel habe ich schon häufiger: „Ich dachte, Corona ist rum" oder „Die Maskenpflicht ist vorbei!" gehört. Einmal hat mir auch jemand gesagt: „Wenn Sie Corona haben, dann bleiben Sie gefälligst zu Hause." Warum ich die Maske trage, hat keiner gefragt. Manchmal habe ich zu diesen Kommen-

taren gar nichts gesagt, manchmal habe ich auch durch Heben des Zeigefingers an die Schläfe pantomimisch deutlich gemacht, was ich von meinem Gegenüber halte.
Ich verstehe wirklich nicht, warum sich andere darüber aufregen, wenn ich eine Maske trage. Ich tue schließlich keinem weh und schränke keinen ein. Ich wundere mich, wie wenig tolerant einige Menschen sind, wenn es um so etwas Simples wie eine Maske geht. Wer sich schon wegen meiner Maske aufregt, wie verhält er sich dann bei anderen Dingen? Puh, ich würde demjenigen am liebsten sagen: „Entspann dich mal!“, aber ich fürchte, das würde denjenigen nur noch mehr aufregen.
Selbst wenn man davon ausgehen wollte, dass ich Corona oder sonst eine ansteckende Erkrankung habe, dann ist die Maske doch gut, weil man die Maske erkennen und mir dann aus dem Weg gehen kann. So jedenfalls habe ich das mal aus Japan gehört, wo die Menschen aus Rücksicht auf die anderen eine Maske tragen, wenn sie erkältet sind. Und klar, mit Corona oder einer anderen ansteckenden Erkrankung sollte man immer besser zu Hause bleiben, sofern das irgendwie möglich ist. Aber wenn man dann schon krank raus muss, dann doch bitte mit Maske, oder?
Vielleicht sind die Menschen, die meine Maske ungefragt kommentieren, auch neidisch, weil sie – aus welchen Gründen auch immer – selber gerne eine Maske tragen würden, sich aber nicht trauen, weil sie mit Maske auffallen würden. Wieso man mich dann aber anraunzt, ist mir nicht klar.

Letztlich ist es mir aber auch egal, ob es den anderen Menschen passt oder nicht, dass ich nach meinem persönlichen Empfinden, zum Beispiel im Supermarkt, Maske trage. Es ist ganz einfach allein meine Sache. Wem das nicht passt, der soll weggucken oder besser noch weggehen.

Ich habe die Erfahrung gemacht, dass Kinder nicht werten, ohne die Umstände zu kennen. Kinder fragen einfach, wenn ihnen etwas merkwürdig erscheint. Als ich in der Gemüseabteilung des Supermarktes stand (ja, es war wirklich die Gemüseabteilung und ausnahmsweise nicht die Süßigkeitenecke), fragte ein etwa fünfjähriges Mädchen ihre Mutter: „Mama, warum trägt die Frau eine Maske?“ Die Mutter hat klasse reagiert und geantwortet: „Die Frau möchte eine Maske tragen und das ist völlig in Ordnung.“ Daraufhin hat mich das Mädchen noch einmal angeschaut und war zufrieden. Ich feiere dieses Mädchen für seine unvoreingenommene Wissbegierde und ich feiere diese Mutter für ihre unkomplizierte tolerante Haltung.

Impuls für mein Leben:
Die (Masken-)Freiheit nehme ich mir – erst recht nach Krebs.

Schatz, du hast keinen Tumor im Auge, es ist nur die Brille.

(Puh! Das ist gut!)

Ich gebe zu, dass ich manchmal ein wenig überreagiere. Aber nur ein ganz klein wenig …

Ohne Brille sehe ich recht wenig, weshalb ich als Allererstes nach dem Aufstehen meine Brille aufsetze. Vor einigen Wochen bin ich morgens aufgewacht und habe wie gewohnt zur Brille gegriffen. Ich habe sofort gemerkt, dass irgendwas nicht stimmt. Ich konnte schlichtweg nicht mehr richtig sehen. Nach einigem Hin- und Herprobieren – rechtes Auge zuhalten, linkes Auge zuhalten – stand fest, dass es an meinem linken Auge liegt. Ich konnte mit meinem linken Auge nicht mehr richtig sehen und zwar weder mit noch ohne Brille. Das hatte ich noch nie.

Die Panik stieg in mir hoch, aber ich habe versucht, mich zu beruhigen und habe einige Male tief durchgeatmet. Zunächst habe ich gehofft, dass sich das Auge in den nächsten Minuten wieder fängt. Hat es aber nicht. Auch nach fünf Minuten Warten habe ich mit dem linken Auge immer noch nicht richtig gesehen und alles nur verschwommen wahrgenommen. Dann habe ich angefangen, verschiedene Dinge auszuprobieren, um meinem linken Auge wieder zum Sehen zu verhelfen:
Zunächst habe ich mir die Augen gerieben. Was aber nicht geholfen, sondern nur dazu geführt hat, dass sie jetzt auch noch gerötet waren.
Dann habe ich mein Gesicht mit kaltem Wasser gewaschen. Es dürfte nicht verwundern, dass auch dies nicht geholfen hat.

Jetzt war mir klar, ich muss zum Augenarzt – und zwar dringend! Ich wollte auf dem Handy nach einem Augenarzt suchen, um ihn anzurufen. Blöd nur, dass ich auf dem Display so rein gar nichts erkennen konnte. In meiner Not habe ich dann das linke Auge unter meiner Brille zugehalten und konnte zum Glück mit dem rechten Auge gut erkennen, dass der Augenarzt erst in zwei Stunden aufmacht. Ich hatte also noch genug Zeit zum Duschen.
Trotz meines offensichtlich erkrankten linken Auges wollte ich frisch geduscht und mit frischen Haaren beim Augenarzt aufkreuzen. Ja, ich habe einen Haar-Spleen (siehe dazu Kapitel „Erinnern Sie sich denn überhaupt noch an die Leukämie?").
Nach dem Duschen bin ich zu meinem Mann gegangen und habe ihn gefragt, ob er heute etwas später zu arbeiten anfangen und mich erst zum Augenarzt fahren könnte. Ich habe wirklich versucht ruhig zu bleiben, als ich näher ausgeführt habe, was los ist.
Ich habe gesagt: „Ich kann mit dem linken Auge fast gar nichts mehr erkennen und möchte daher zum Augenarzt. Ich hoffe, die Netzhaut hat sich nicht abgelöst. Vielleicht ist es aber auch ein Tumor. Allerdings habe ich keine Schmerzen, dann ist es wohl eher nicht die Netzhaut, oder?"
Dann habe ich meinem Mann kurz erklärt, was ich alles schon unternommen habe, woraufhin er gefragt hat, ob ich denn auch schon meine Brille geputzt hätte. Ich habe ihm geantwortet, dass ich das schon gestern Abend vor dem Schlafengehen gemacht habe. Mein Mann hat sie sich geschnappt, um sie nochmal zu putzen. Als wenn ich meine Brille nicht richtig putzen würde!
Ich war ein wenig beleidigt, aber gut, soll er die Brille halt nochmal putzen. Mein Mann fing also an, meine Brille (nochmal) zu putzen und auf einmal lachte er richtig laut.

Ich fand das nicht sehr nett, da ich doch vielleicht wegen eines Tumors auf dem linken Auge nicht mehr richtig sehen konnte. Als mein Mann mein Gesicht sah, sagte er: „Schatz, du hast keinen Tumor im Auge, es ist nur die Brille. Das linke Brillenglas ist rausgefallen."
Oh! Wir haben das Brillenglas gemeinsam gesucht und zum Glück gefunden. Mein Mann hat das Glas wieder eingesetzt und seither sehe ich mit Brille auch auf dem linken Auge wieder super. Ein wenig peinlich ist mir das alles schon und ich rechne es meinem Mann hoch an, dass er diese Geschichte nie wieder erwähnt hat.

Ich würde ja gerne sagen können, dass dies die einzige Geschichte ist, in der ich ein wenig überreagiert habe. Leider gibt es da noch einige andere vergleichbare Situationen: Der kleine Knubbel in meinem Daumen und die Beule unterm Fuß waren zum Glück beide harmlos und keine Tumore. Ich versuche wirklich, das nächste Mal gelassener zu sein.

Impuls für mein Leben:
Manchmal ist es einfach nur die Brille!

Wir schaffen das!

(Wie lieb!!)

Es interessiert mich schon sehr, wie andere Patienten damit umgehen, wenn sie schon viermal Krebs hatten. Allerdings kennen alle Ärzte, die ich gefragt habe, keinen anderen Patienten mit einer solchen Krebserfahrung. Außer einem Arzt, der kennt einen Patienten, der sogar schon sechsmal Krebs hatte. Ich habe ihn gebeten, diesen Patienten einmal zu fragen, ob er sich mit mir treffen möchte.

Gesagt, getan. Der Arzt sprach mit dem Patienten und netterweise wollte sich dieser mit mir treffen. Herr S. ist 84 Jahre alt und hat mich zu sich nach Hause eingeladen. Wir waren an einem Donnerstag um 16 Uhr verabredet. Kurz vor 16 Uhr stand ich dann ziemlich aufgeregt vor der Tür von Herrn S. Seine Frau öffnete und auch Herr S. kam zur Begrüßung um die Ecke.

Rein äußerlich ist Herr S. sicherlich nicht der fitte Rentner, wie man ihn aus der Werbung kennt, aber ich habe sofort in seinen Augen gesehen, dass er geistig voll vital ist. Seine Augen versprühen einen fast jugendlichen Schalk. Das Wort „Schalk" habe ich tatsächlich noch nie benutzt, aber zu Herrn S. passt es irgendwie.

Zunächst haben Herr S. und ich kurz die Eckpunkte unserer Krebsgeschichten ausgetauscht. Als Herr S. so alt war wie ich, hatte er noch gar keinen Krebs. Seinen ersten Tumor hat er mit 55 Jahren bekommen. Jetzt mit 84 Jahren hatte er schon sechs Tumore in verschiedenen Regionen im Körper. Kurz habe ich gedacht, dass es schön sein muss, 55 Jahre alt zu sein und noch keinen Krebs gehabt zu haben und war ein bisschen neidisch. Aber nur ganz kurz, denn schließlich hatte Herr S. ja nun schon sechsmal Krebs und das ist wirklich alles andere als zu beneiden. Puh, sechsmal,

das ist echt fies! Ich finde ja viermal schon nahezu unerträglich, aber sechsmal?
Und das habe ich Herrn S. auch genau so gesagt. Ich finde den Umstand, dass ich nun schon viermal Krebs hatte, echt unfair und gemein. Die Ungewissheit, nicht zu wissen, ob und wann und wo der Krebs wiederkommt und ob ich dann noch einmal überlebe, ist für mich unfassbar hart zu ertragen. Herr S. hat daraufhin gesagt: „So dürfen Sie nicht denken!“ Na, aber diese Gedanken sind bei mir doch nun mal da …
Herr S. reist mit seiner Frau so oft es geht in die ganze Welt. Das Reisen ist seine große Leidenschaft. Sein Tipp für mich war, sich das Leben schön zu machen und jeden Tag zu genießen. Carpe Diem! Er meinte: „Wir leben heute; und was morgen ist, weiß keiner“ und „Es kommt, wie es kommt, man kann es ja doch nicht ändern“ und „Et hätt noch immer jot jejange“ (das ist kölsch und bedeutet „Es ist bisher noch immer gut gegangen“).
Als Herr S. mir seine Haltung so schilderte, musste ich an den Spruch „Sorgen sind sinnlos“ denken (siehe dazu Kapitel „Hast du keine Angst, dass der Krebs wiederkommt?“). Herr S. hat genau diese Einstellung und das finde ich sehr bewundernswert. Es macht mir Mut und Hoffnung, dass ich vielleicht auch irgendwann einmal soweit bin.
Zugleich habe ich mich dort bei Herrn S. auf dem Sofa aber auch irgendwie klein gefühlt, weil ich ja nun einmal neben glücklichen Phasen auch solche habe, in denen ich mich völlig ungerecht behandelt fühle und frustriert bin, wenn ich daran denke, dass mich der Krebs so oft getroffen hat. Herr S. scheint nur positive Gedanken zu haben und das gab mir das Gefühl, dass irgendwas mit mir nicht stimmt.
Ich habe gefragt, ob Herr S. denn nie darüber nachdenkt, dass es schon schlimm ist, sechsmal Krebs gehabt zu haben,

und ob er keine Ängste hat. Zunächst hat Herr S. erklärt, dass er solche Gedanken nicht hat. Beim Nachfragen hat er gesagt, dass er, wenn seine Frau im Gymnastikkurs ist, schon mal allein auf dem Sofa sitzt und über sein Krebsschicksal nachdenkt. Er versucht dann aber, diesen Gedanken keinen Platz zu geben, sondern sie wegzuschieben. Irgendwie war ich in dem Moment erleichtert, dass nicht nur bei mir, sondern auch bei Herrn S. manchmal blöde Gedanken kommen.

Herr S. schiebt also die blöden Gedanken einfach weg. Ach, wenn das so einfach wäre … Wenn ich blöde Gedanken einfach beiseiteschieben könnte, wäre das echt prima. Geht aber nicht. Die blöden Gedanken sind da und haben aus meiner Sicht auch ihre Berechtigung. Denn Krebs ist nun mal kacke und wenn das meine Gedanken auch genauso erkennen, ist das normal, finde ich.

Ich kann ja meinen Gedanken nicht sagen: „Hey, ihr irrt euch. Krebs ist gar nicht schlimm. Fort mit euch." So blöd sind meine Gedanken nun mal nicht, die lassen sich nicht täuschen. Meine Gedanken wissen schon ganz genau, wie scheiße Krebs ist und lassen sich daher auch nicht weglächeln.

Ich verstehe aber, was Herr S. meint, wenn er sagt, dass ich nicht so denken soll und die Gedanken wegschieben soll. Die blöden Gedanken dürfen nicht das Leben bestimmen. Denn das Leben ist ja gerade das, was wir lieben und nicht verlieren möchten. Und Herr S. hat für sich einen Weg gefunden, dass ihn die blöden Gedanken nicht beherrschen.

Ich übrigens auch, wenngleich ich den Eindruck habe, dass die blöden Gedanken bei mir noch etwas präsenter sind als bei Herrn S. Der Grund hierfür ist vielleicht seine größere Lebenserfahrung. Vielleicht wollte er mich aber auch ein-

fach nicht zusätzlich belasten. Wenn er gesagt hätte, dass der Gedanke an Krebs auch für ihn manchmal unerträglich ist und auch er Frustphasen hat, die sich nicht einfach wegschieben lassen, hätte mich das zwar bestätigt, aber vielleicht auch nicht beruhigt.
So hat mir Herr S. Zuversicht gegeben, dass die blöden Gedanken mit der Zeit in den Hintergrund treten. Hoffentlich muss ich dafür nicht erst 84 Jahre alt werden.

Herr S. hat mehrfach gesagt, wie dankbar wir sein müssen, dass wir noch leben. Sofern er meint, dass wir froh sein müssen, dass wir noch leben, stimme ich uneingeschränkt zu. Ich bin sogar exorbitant froh, überlebt zu haben, und Herrn S. geht es genauso. Das habe ich in seinen Augen gesehen, denn als er wiederholt sagte: „Schauen Sie, ich lebe noch!“, hat es jedes Mal in seinen Augen frech geblitzt. Es war, als wolle er dem Schicksal sagen: „Mich hast du nicht totgekriegt. Ätsch.“ So ein freches Blitzen in den Augen eines 84-Jährigen fand ich echt süß.
Nur – „dankbar“, wie es Herr S. formulierte, bin ich fürs Überleben nicht, weil das aus meiner Sicht Ursache und Wirkung vertauscht (siehe dazu Kapitel „Du hast dem Schicksal bestimmt einiges zu sagen.“). Außerdem habe ich einfach zu hart gekämpft, um viermal zu überleben. Dass ich lebe, macht mich sehr glücklich, aber eben nicht „dankbar“.
Herr S. hat dann noch gesagt, dass seine Frau die wichtigste Person in seinem Leben ist und dass er es ohne sie nie geschafft hätte. Dabei hat er seine Frau angeschaut und ihre Hand gedrückt. Romantischer geht es nicht. Voll süß!

Als ich wieder zu Hause war, habe ich von meinem Besuch bei Herrn S. erzählt und meinem Mann gesagt: „Du weißt doch, dass du auch für mich der wichtigste Mensch auf der Welt bist und dass ich das alles ohne dich auch nicht geschafft hätte?" Mein Mann hat geantwortet: „Ich weiß, und ich habe das gerne gemacht. Ich will doch mit dir alt werden, auf der Parkbank sitzen und die Enten füttern." Ich finde, Herr S. und ich haben den Jackpot in Sachen Ehepartner.

Kurz bevor ich mich von Herrn S. und seiner Frau verabschiedet habe, standen wir im Flur. Ich habe meine Jacke angezogen und mich sehr herzlich für das nette und offene Gespräch bedankt. Es hatte mir gutgetan und auch ein wenig beruhigt, was ich auch genauso gesagt habe.

Herr S. und seine Frau sagten, dass sie jederzeit für mich da seien. Und wenn ich noch weitere Fragen oder Anliegen hätte, sei ich jederzeit willkommen. Voll nett!! Dann sagte Herr S. Folgendes: „Ich möchte ihnen noch etwas mit auf den Weg geben: Wir schaffen das!" Mir sind die Tränen in die Augen geschossen und ich habe gefragt, ob ich ihn umarmen darf. Ich durfte.

In den letzten Monaten haben bereits einige Menschen zu mir gesagt: „Du schaffst das!" Wenngleich ich weiß, dass diese Menschen das ausschließlich als Aufmunterung gemeint haben, hat mir diese Äußerung dennoch irgendwie nicht gefallen.

Die Menschen, die das bisher zu mir gesagt haben, hatten selbst noch keinen Krebs, und ich habe immer gedacht, dass diese Menschen doch gar nicht nachempfinden können, wie es mir geht. Ob ich überlebe und ob ich es schaffe, mit den körperlichen und seelischen Folgen klar zu kommen, wissen diese Menschen schließlich auch nicht.

Herr S. ist der erste und einzige Mensch, den ich kennengelernt habe, der das gleiche (und noch mehr) durch-

gemacht hat wie ich. Er ist quasi Krebs-Profi, und wenn er sich und mir zutraut, dass wir es schaffen, bedeutet mir das viel. Vielleicht ist das merkwürdig, weil Herr S. ja letztlich dasselbe gesagt hat wie die anderen Menschen.
Der Unterschied ist aber, dass er sich und mich durch das „wir" verbunden hat und er es auch mir zutraut, es so wie er zu schaffen. Das von Herrn S. zu hören, ist für mich tröstlich und gibt mir irgendwie Zuversicht. Sicher, auch Herr S. kann nicht in die Zukunft schauen, aber mich berührt sein „Wir schaffen das!" dennoch.

Impuls für mein Leben:
Eines kann uns keiner nehmen
und das ist die pure Lust zu leben.

Nächstes Jahr wird super!

(Hoffentlich!)

Heute ist der 31. Dezember, also Silvester. Im Grunde genommen ist der 31. Dezember ein Tag wie jeder andere. Auch der 31. Dezember hat 24 Stunden und auch er hat einen Morgen, einen Mittag, einen Abend und eine Nacht. Es gibt einen Tag vorher und einen Tag nachher. Tatsächlich ist er noch nicht einmal ein gesetzlicher Feiertag. Als Besonderheit lässt sich vielleicht anmerken, dass an Silvester geknallt wird, aber strenggenommen wird nicht an Silvester, sondern am Neujahrstag geknallt und zudem mag ich das Geknalle nicht besonders. Also könnte der 31. Dezember für mich eigentlich ein Tag wie jeder andere sein. Für mich fühlt er sich aber dennoch besonders an. Vermutlich, weil der 31. Dezember nun mal der letzte Tag im Jahr ist.

In den letzten Jahren haben mein Mann und ich das Jahr regelmäßig zu zweit ruhig ausklingen lassen. Gerne verbringen wir im Jahr viel Zeit mit unserer Familie und mit unseren Freunden, aber Silvester genießen wir gerne zu zweit. Da mein Mann und ich keine Nachtmenschen sind und auch die Knallerei nicht besonders mögen, haben wir es uns am 31. Dezember immer zu Hause gemütlich gemacht und zu Neujahr mit einer Kiba angestoßen. Ja, ich weiß, keinen Alkohol zu trinken, und dann noch nicht mal zu Silvester, erscheint langweilig, Wir brauchen halt keinen Alkohol. Für andere mag Alkohol zu Silvester wichtig sein, für uns eben nicht.

Wenngleich ich nicht abergläubisch bin, habe ich mir dennoch am 1. Januar um 0 Uhr immer etwas gewünscht. Es dürfte klar sein, was ich mir jedes Jahr gewünscht habe, aber ich spreche es nicht aus, denn wenn man seinen Wunsch laut äußert, könnte er nicht in Erfüllung gehen. Das

Schicksal, die alte Kackbratze, hat meinen Wunsch jetzt schon mehrfach vergessen. Da ich mir aber immer dasselbe wünsche, dürfte es eigentlich nicht schwer sein, sich meinen Wunsch zu merken. Das Schicksal scheint ein Gedächtnis in der Größe einer Haselnuss zu haben oder noch kleiner.

Das erste Silvester nach dem Gebärmutterkrebs war ganz anders als in den Jahren zuvor. Ich war gerade erst operiert und aufgrund der Wundheilungsstörung kam sogar der Pflegedienst (siehe dazu Kapitel „Das nennt man Wundheilungsstörung.“). Auch meine seelische Verfassung konnte man bei diesem Silvester mit „völlig neben der Spur“ gut beschreiben.

Mein Umfeld hat sofort kapiert, dass dieses erste Silvester nach der Krebsoperation eine schwierige Situation für mich ist und hat dafür gesorgt, dass ich mir nicht allzu viel trübe Gedanken mache. Mein Bruder ist mit seiner Frau und den beiden Kindern extra von Hamburg zu uns gekommen und meine Freundin Pauline ist mit ihrem Mann und den drei Kindern auch da gewesen. Wir haben eine kleine Silvesterparty veranstaltet und ich habe gelernt, was Stop-Tanz ist. Stop-Tanz geht so: Wenn die Musik stoppt, hört man auf zu tanzen und wer sich zuletzt bewegt hat, macht beim nächsten Tanz nicht mehr mit. Das geht so lange, bis der letzte übrig ist, der hat dann gewonnen. Natürlich hat meine damals sechsjährige Nichte immer gewonnen, ist ja klar.

Ich konnte noch nicht richtig mittanzen, habe aber dennoch mitgemacht, indem ich meine mit Wundauflagen bedeckte Narbe mit den Händen festgehalten und mit dem Po ein wenig gewackelt habe. Das mit der Ablenkung hat super funktioniert, denn die kleine Party hat Spaß gemacht.

Offiziell wegen der Kinder, aber inoffiziell auch wegen mir, sind wir alle um 21 Uhr raus vor die Tür gegangen und haben den Jahreswechsel einfach vorgezogen. Wir haben

von Zehn runtergezählt, alle hatten Wunderkerzen in der Hand und es war eine richtig schöne Atmosphäre. Natürlich habe ich dann doch noch ein paar Tränen vergossen, alle haben sich und mich umarmt und danach sind meine Nichte und ich hundemüde in unsere Betten gefallen. Gewünscht habe ich mir an diesem Silvester um 0 Uhr nichts, denn zu diesem Zeitpunkt habe ich bereits fest geschlafen.
Heute ist wieder Silvester, also das zweite Silvester nach der letzten Krebsoperation. Auch wenn es meinem Mann und mir letztes Jahr zu Silvester richtig gut gefallen hat und wir den Besuch von allen echt toll fanden, so genießen wir das Jahresende heute gerne wieder zu zweit kuschelig zu Hause.
Allerdings dachte ich noch bis gestern, dass es heute an Silvester wieder so wird wie vor der letzten Krebserkrankung. Da habe ich mich aber so was von geirrt. Es fühlt sich heute irgendwie merkwürdig an. Körperlich geht es mir zwar schon viel besser als voriges Silvester, und auch seelisch bin ich sicher nicht mehr so sehr fertig, aber so gut wie vor der letzten Krebserkrankung geht es mir eben nicht (siehe dazu Kapitel „Darüber spricht man nicht!“). Ich blicke heute zurück auf das letzte Jahr und wage einen vorsichtigen Blick in die Zukunft. Beides verursacht ein mulmiges Gefühl.
Dieses Jahr war echt hart mit all den Trainings und den vielen Versuchen, den nächsten Schritt zu gehen, auch wenn es körperlich weh tat. In diesem Jahr bin ich auch wieder in den Beruf eingestiegen und der Umstand, dass ich viele Monate nicht arbeiten konnte und heute nicht mehr so lange sitzen kann wie früher, ist für mich schwer zu akzeptieren. Klar sehe ich auch, wie viel ich im letzten Jahr geschafft habe. Wenn ich daran denke, wie gut es mir heute im Vergleich zum vorigen Silvester geht, durchströmt mich eine Welle puren Glücklichseins.

Zugleich realisiere ich heute an Silvester aber auch, dass die letzten zwölf Monate echt krass waren. Natürlich weiß ich, dass es anderen Menschen schlechter geht als mir. Diese Erkenntnis macht aber weder meine heutigen Beschwerden besser, noch den Kampf, wieder fit zu werden, leichter.
Zudem frage ich mich heute am 31. Dezember auch, wie es wohl weitergeht. Einerseits will ich das gar nicht wissen. Denn hätte ich gewusst, dass ich mit 49 Jahren schon viermal Krebs haben würde, wäre es mir in den letzten Jahren bestimmt nicht besser gegangen. Andererseits würde ich schon gerne wissen, ob der Krebs noch ein fünftes Mal kommt. Und wenn er noch einmal kommt, würde ich auf jeden Fall auch wissen wollen in welchem Körperteil, wie schwerwiegend der Krebs dann sein wird, ob ich ihn noch einmal überlebe und vor allem, wann er kommt. Ob ich mit diesen Informationen umgehen könnte, weiß ich allerdings auch nicht.
Aber eins würde ich heute schon echt gerne wissen wollen: Wenn mich das Schicksal ab jetzt in Ruhe lässt und mir keinen Krebs mehr schickt – das möchte ich wirklich gerne wissen. Denn es würde mich unendlich beruhigen. Hierfür müsste das Schicksal einfach nur meinen alljährlichen Silvesterwunsch berücksichtigen und gut ist.
Ich habe meinem Mann heute gesagt, dass ich mich frage, wie das nächste Jahr so wird. Er hat geantwortet: „Mach dir keinen Kopf. Das nächste Jahr wird super!“ Ach, wenn mein Mann doch Zauberkräfte hätte …

Impuls für mein Leben:
Ich wünsche mir heute zum Jahreswechsel um 0 Uhr einfach mal nicht das, was ich mir sonst immer wünsche. Diesmal wünsche ich mir vielleicht Zauberkräfte für meinen Mann.

Bist du glücklich?

(nicht immer, aber immer öfter)

Das mit dem Glücklichsein ist so eine Sache. Das Gefühl des Glücks kommt bei mir in Wellen. Mal bin ich glücklich, dann wieder nicht. Manchmal bin ich so glücklich, dass ich platzen könnte vor Glück. Es gibt aber auch Momente, in denen bin ich nicht glücklich, sondern einfach nur wütend auf das Schicksal, die Kackbratze.
Klar bin ich glücklich, wenn ich daran denke, dass ich den Krebs viermal überlebt habe. Dass ich so oft überlebt habe, ist ja wirklich nicht selbstverständlich. Ich habe im Laufe meines Lebens schon einige Personen an Krebs sterben sehen.
Dass man an Krebs sterben kann, habe ich schon früh mitbekommen. Mein Freund Moritz hatte wie ich eine Leukämie. Wir waren Kinder und lagen nebeneinander im Krankenhaus. Obwohl ich noch so klein war und es schon echt lange her ist, werde ich nie vergessen, wie man Moritz eines Tages in seinem Bett recht zügig rausgefahren hat. Damals habe ich die angespannte Atmosphäre gespürt, aber in dem Moment konnte ich das Geschehen nicht einordnen. Erst als Moritz nicht wieder zurückgekommen ist und sich seine Eltern von mir verabschiedet haben, wusste ich, dass er gestorben war.

An Leukämie sind ja nun auch einige Prominente verstorben. Der ehemalige Stabhochspringer Tim Lobinger oder der ehemalige Außenminister Guido Westerwelle sind zwei Beispiele dafür. Und klar sind neben der Leukämie auch meine anderen Krebserkrankungen (Schilddrüsentumor und Gebärmutterkrebs) für viele Menschen tödlich gewesen. Diese Menschen haben es nicht geschafft. Man sagt das

so dahin: „nicht geschafft". Als wenn ein Krebspatient sich nur ordentlich anstrengen müsste, um „es" – also das Überleben – zu schaffen. Das ist natürlich Quatsch. Man kann sich als Krebspatient anstrengen, wie man will, die Krankheit bleibt unberechenbar. Wenn ein Patient an seiner Krebserkrankung stirbt, dann ist das aus meiner Sicht einfach nur traurig. Und hat nichts damit zu tun, dass er sich nicht genug angestrengt hätte, um zu überleben.
Ich habe überlebt, obwohl auch meine Prognose (das ist das nett klingende Wort der Mediziner für „Überlebenswahrscheinlichkeit") nicht immer gut war.
Es gibt Menschen, die ein schlechtes Gewissen haben, weil sie den Krebs überlebt haben, während andere daran gestorben sind. Ich habe kein schlechtes Gewissen, weil ich schon viermal überlebt habe. Nicht weil ich denke, ich hätte es mehr als andere verdient zu überleben, sondern weil ich weiß, dass man Krebs nur bedingt beeinflussen kann. Bei dem einen Patienten wächst zum Beispiel der Tumor wie bekloppt und die Therapie schlägt nicht an, beim anderen Patienten wird der Krebs frühzeitig entdeckt und die Therapie hilft. Krebs ist so vielfältig und unfassbar brutal. Ich hatte viermal Glück und bin darüber – ohne schlechtes Gewissen – sehr glücklich.

Dass ich extrem großes Glück hatte, bedeutet aber nicht, dass ich automatisch auch stets und ständig glücklich bin. Auf der anderen Seite des Glücklichseins über mein Überleben steht nämlich zugleich die Tatsache, dass ich schon viermal Krebs hatte. Vier Mal!
In unserer Pizzeria gibt es die Pizza „Quattro Formaggi"; das ist eine Pizza, die mit vier verschiedenen Käsesorten belegt ist. In meinem Fall wäre das dann „Quattro Merda", also vierfach Scheiße. Wenn ich daran denke, dass Krebs

mich wirklich schon viermal getroffen hat, wird mir schlecht.

In diesen Momenten bin ich absolut nicht glücklich, sondern habe einfach nur eine große Wut auf das Schicksal. Und Angst davor, ein fünftes Mal Krebs zu bekommen, zumal ja völlig unklar ist, ob ich auch ein fünftes Mal überlebe (siehe dazu Kapitel „Hast du keine Angst, dass der Krebs wiederkommt?"). Es soll Krebspatienten geben, die von sich sagen, dass die Krankheit sie zu einem glücklicheren Menschen gemacht habe. Das trifft auf mich definitiv nicht zu. Ich war sehr glücklich, bevor der Gebärmutterkrebs bei mir diagnostiziert wurde.

Ehrlich, so was gibt es. Ich war echt glücklich. Mein berufliches und privates Leben lief gerade super und die letzte Krebserkrankung war lange her. Nur einen Tag vor der Diagnose Gebärmutterkrebs habe ich noch zu meinem Mann gesagt, dass wir gerade ein echt schönes Leben haben und er hat mir zugestimmt. Heute bin ich nach dem vierten Mal (überwiegend) glücklich, aber nicht wegen, sondern trotz Krebs.

Mir die Frage „Bist du glücklich?" zu stellen, hat sich nach der letzten Krebserkrankung bislang nur ein einziger Mensch getraut. Mein Mann. Jetzt könnte man unken und sagen, es sei die oberste Pflicht eines Ehemannes, sicherzustellen, dass die Ehefrau glücklich ist (und umgekehrt natürlich auch), sodass die Frage „Bist du glücklich?" völlig normal sei. Hat man aber eine Krebsdiagnose bekommen, eine echt schwerwiegende Operation durchgemacht und findet nun gerade wieder ins aktive Leben zurück, dann ist diese Frage nicht normal, sondern mutig, finde ich.

Als mich mein Mann das erste Mal nach der letzten Krebsdiagnose gefragt hat, ob ich glücklich bin, standen wir auf dem Deich in Ostfriesland. Wir mögen Ostfriesland sehr. Und an dieser Stelle auf dem Deich standen wir in den vergangenen Jahren schon unzählige Male. Zu diesem Zeitpunkt hatte ich die Operation bereits hinter mir und mit meiner körperlichen Fitness ging es jeden Tag ein Stückchen bergauf. An diesem Tag hatte ich es geschafft, von unserer Ferienwohnung zum Deich zu laufen. Zwar hatte ich mich am Arm meines Mannes untergehakt, aber ich bin das ganze Stück gelaufen. Ich war unfassbar glücklich darüber, dass ich das wieder geschafft hatte.

Hinzu kam dann noch, dass ein wenig Sturm war, wir also auf dem Deich im Wind standen und ich mich dadurch irgendwie nach langer Zeit wieder lebendig fühlte. Mein Mann hat dies gespürt und mich gefragt: „Bist du glücklich?“ Ich habe nur genickt und dann sind mir mal wieder die Tränen gekommen. Das passiert mir öfter (siehe dazu Kapitel „Weinst du?“). Es war mir egal. Ich war glücklich.

Mein Mann kennt mich seit 30 Jahren und er war sich sicher, dass dies gerade ein glücklicher Moment für mich war. Deshalb hat er sich getraut, mich zu fragen, ob ich glücklich bin. Er hat sich für mich gefreut.

Heute fragt mich mein Mann wieder regelmäßig, ob ich glücklich bin. Und oft bin ich das auch. Manchmal sage ich aber auch einfach, ohne dass er mich fragt, dass ich gerade echt glücklich bin. Das ploppt dann einfach so aus mir raus. Diese Momente voller Glück gibt es – und es gibt sie zum Glück wieder immer häufiger. So wie vor der letzten Krebsdiagnose machen mich auch heute viele Dinge echt glücklich. Ein paar davon habe ich nachstehend einmal zusammengefasst.

Es gibt jeden Tag einen bestimmten Moment, an dem ich besonders glücklich bin. Das ist der Moment, an dem mein

Mann und ich für einen kurzen Augenblick die Welt anhalten. Ich stehe dann auf der untersten Stufe unserer Treppe und mein Mann steht an ihrem Fuß, sodass unsere Köpfe annähernd auf derselben Höhe sind. Dann umarmen wir uns ganz fest für einige Sekunden. Ich habe sie noch nie gezählt, aber es sind bestimmt 20 bis 30 Sekunden. Wir drücken uns, ohne dass jemand etwas sagt. Die Welt steht dann einfach für uns kurz still.
Das machen wir jeden Tag mindestens einmal. Dieser Moment ist einfach nur schön und macht mich sehr glücklich. Das Glück durchströmt dann förmlich meinen Körper und ich könnte platzen vor Glück. Wir machen das schon seit vielen Jahren und ich kann dieses Ritual nur empfehlen.

Andere Momente sind nicht wiederholbar; sie machen mich trotzdem sehr glücklich. Zum Beispiel hat meine sechsjährige Nichte mich mal angerufen, nur um mir zu sagen, wie toll sie das Shirt fand, das ich ihr geschickt hatte. Sie hatte es gleich für die Schule angezogen. Das war ein echt schöner Moment, der mich glücklich gemacht hat. Außerdem war es gut zu wissen, dass meine Nichte und ich denselben Geschmack haben, denn ich habe das gleiche Shirt, nur eben in meiner Größe. In der Zwischenzeit folgten noch weitere Klamottenpakete und meine Nichte hat bislang alles, was ich ihr geschickt habe, in der Schule angehabt. Darüber freue ich mich echt.
Glücklich bin ich zum Beispiel auch, wenn ich ein selbstgenähtes Oberteil anhabe und jemand sagt, er finde es schön – ohne zu wissen, dass ich das Teil selbst genäht habe. Als mir meine Patenkinder einen selbstgebastelten Adventskalender geschenkt haben oder als meine Freunde und Familie zu meinem 50. Geburtstag einen Film gedreht haben, war ich volle Pumpe glücklich (siehe dazu Kapitel „Weinst

du?"). Oder als ich mit meinen Patenkindern die Sommerrodelbahn runtergefahren bin und wir einfach nur vor Freude gejauchzt haben, war ich glücklich.
Wenn ich eine mir unbekannte Strecke mit dem Auto gefahren und ohne Zwischenfälle am Ziel angekommen bin, macht mich das ebenfalls glücklich. Und zwar voll glücklich, weil ich erstens total ungerne Auto fahre und zweitens, weil mein Navi mich vor einigen Jahren einmal durch den Wald geschickt hat.
Ich wollte damals zu einem Waldhotel, wo ich einen Vortrag für Mitarbeiter eines Unternehmen halten sollte. Das Navi hatte mich zuerst von der Autobahn auf eine Landstraße gelotst, dann auf eine nicht asphaltierte Straße; und als ich schon voll weit ab vom Schuss irgendwo in der Pampa war, meinte das Navi, dass ich auf einen Waldweg einbiegen solle. Aufgrund meines nicht vorhandenen Orientierungssinns habe ich mir nicht zugetraut, den Weg zurück zu finden, sodass ich in den Waldweg gefahren bin. Mit einem Audi TT, einem Auto mit recht wenig Bodenfreiheit und totaler Nichteignung für den Wald. Aus heutiger Sicht völlig bekloppt, auch wenn es dort kein Schild gab, das die Durchfahrt verboten hätte. Zu allem Überfluss kam mir der Förster in seinem Jeep entgegen. Der Förster war sehr nett, hat gefragt, was ich im Wald mache und mir dann erklärt, dass es nur noch ein paar Meter bis zum Waldhotel seien.
Als ich endlich den Waldweg verlassen konnte, war ich unmittelbar auf dem Parkplatz des Waldhotels gelandet. Man hätte den Parkplatz auch auf einer normalen asphaltierten Straße erreichen können. Auf dem Platz stand schon eine mir sehr gut bekannte Mitarbeiterin des Unternehmens. Noch heute sagt sie bei jeder Gelegenheit: „Ich werde nie vergessen, wie Sie mit dem Audi TT aus dem Wald gekommen sind." Wenn ich also heutzutage mit dem Auto am Ziel

ankomme und mich mein Navi nicht durch einen Wald geschickt hat, bin ich glücklich. Oder, oder, oder … Ach, es gibt so viele Momente, in denen ich glücklich bin, und die so rein gar nichts mit Krebs zu tun haben.

Und klar gibt es auch glückliche Momente, die mit meinen Krebserkrankungen zu tun haben. Glücklich bin ich zum Beispiel, wenn nach einer ärztlichen Kontrolluntersuchung nichts rausgekommen ist. Kein Befund ist ein super Befund. Dieses Gefühl des Glücks hält dann einige Wochen an, bis die nächste Kontrolle vor der Tür steht. Dann kommt die Angst zurück (siehe dazu Kapitel „Hast du keine Angst, dass der Krebs wiederkommt?“).

Ich habe im Fernsehen mal einen Arzt gesehen, der empfohlen hat, ärztliche Kontrolluntersuchungen abzuschaffen, weil diese regelmäßig sehr große Angst bei den Patienten auslösen. Das Abschaffen von Kontrolluntersuchungen halte ich für totalen Quatsch. Es stimmt zwar, dass auch ich vor einer Kontrolluntersuchung Angst davor habe, es könnte wieder etwas gefunden werden. Aber ohne Untersuchung wäre meine Angst noch viel größer. Denn Nichtwissen macht mich nicht glücklich. Nur das Wissen, dass nichts ist, macht mich glücklich.

Meine Geburtstage sind immer Tage, an denen ich besonders glücklich bin. Dafür muss ich keinen runden Geburtstag haben. Ich freue mich über jeden einzelnen Geburtstag. Das war schon immer so. Und das Glücksgefühl wird von Jahr zu Jahr stärker.

Schon beim Aufwachen an meinem Geburtstag denke ich daran, dass ich ein weiteres Jahr gelebt habe. Mir wird bewusst, dass mein Geburtstag aufgrund meiner Krebserkrankungen nicht selbstverständlich ist. Ich hätte auch tot sein können – und diesen Geburtstag dann eben nicht erlebt.

Auf einer Geburtstagskarte stand mal: „Herzlichen Glückwunsch zu diesem besonderen Tag!“ Für mich ist das absolut passend, denn meine Geburtstage sind immer etwas ganz Besonderes für mich. An diesem speziellen Tag wird mir klar, wie gut es mir geht, und manchmal kullert mir dann auch eine Träne über die Wange. Das ist dann meine „Geburtstags-ich-bin-so-glücklich“-Träne. Wer hätte gedacht, dass ich mal 30 oder 40 oder 50 werde? Heute bin ich 50 Jahre alt – und die 90 Jahre habe ich fest im Blick.
Ein Arzt meinte mal zu mir: „Wenn Sie an Krebs hätten sterben sollen, dann wäre das schon längst geschehen. An Krebs sterben Sie nicht.“ Inhaltlich halte ich das für Unsinn, weil ich natürlich wie jeder andere Mensch auch daran versterben kann. Aber den Gedanken, dass mich der Krebs nicht aufhält und ich noch viele glückliche Geburtstage erleben werde, den finde ich prima.
Glücklich hat mich auch eine Äußerung meiner Freundin Lisa gemacht. Etwa acht Wochen, nachdem meine Narbe wieder zu war (siehe dazu Kapitel „Das nennt man Wundheilungsstörung“), hat mich Lisa besucht und wir haben einen Spaziergang gemacht. Wir sind einfach losgegangen und haben uns gut unterhalten. Auf einmal stoppt Lisa und sagt: „Du hast aber schon wieder einen echt flotten Gang drauf. Ich hätte nicht gedacht, dass Du schon wieder so fit bist.“ Ich habe mich ja so gefreut über das Kompliment!
Durch Lisas Äußerung wurde mir erst bewusst, was für große Fortschritte ich schon gemacht hatte und dass sich mein tägliches Training bemerkbar macht. Den Rest des Spaziergangs habe ich gegrinst wie ein Honigkuchenpferd. Ich war glücklich. Heute bin ich zwar immer noch nicht so flott wie früher unterwegs, aber schon wieder etwas flotter als damals beim Spaziergang mit Lisa, was mich immer wieder glücklich macht.

An Tagen im Büro bin ich ebenfalls oft glücklich. Derzeit natürlich, weil ich einfach nur froh bin, wieder arbeiten zu können. Als ich nach der letzten Krebserkrankung wieder im Büro war, hat ein Mandant gesagt: „Wir haben Sie sehr vermisst. Schön, dass es ihnen wieder besser geht. Wir würden sehr gerne wieder mit ihnen zusammenarbeiten." Ich weiß natürlich, dass ich als Steuerberaterin und Rechtsanwältin ersetzbar bin. Aber von einem Mandanten zu hören, dass er meine Arbeit schätzt, war schon schön und hat mich auch glücklich gemacht.
Und es gibt ja so viele weitere Glücksmomente, die ich erlebe. Glücksmomente, die gar nichts mit Krebs zu tun haben und Glücksmomente, die durch meine Krebserkrankungen bedingt sind. Ich nehme jedes Gefühl des Glücks so, wie es kommt. Ich bin gerne glücklich! Je öfter, desto besser!

Ich empfinde mein Leben mit Krebs als eine krasse Achterbahnfahrt: Mal bin ich glücklich, mal nicht. Auch wenn mein Krebs körperliche Konsequenzen hat (siehe dazu Kapitel „Darüber spricht man nicht!") und ich mir sprichwörtlich manchmal in die Hose scheiße vor Angst (siehe dazu Kapitel „Hast du keine Angst, dass der Krebs wiederkommt?"), so finde ich doch, dass ich unterm Strich ein echter Glückskeks bin. Moritz würde das sicher auch so sehen.

Impuls für mein Leben:
Trotz allem bin ich ein Glückskeks.

Nachwort

Jeden treffen Schicksalsschläge im Verlauf seines Lebens; den einen mehr, den anderen weniger. Und ganz sicher, liebe Leserinnen und Leser, ist dies nicht immer gerecht. Glück und Unglück sind oftmals sehr ungleich verteilt.
In Deinem Fall, liebe Maren, hat das Schicksal eindeutig über die Stränge geschlagen. Du hast Dich im Verlauf Deines Lebens schon zu oft mit den elementaren Fragen des Lebens befassen müssen und warst mit den Themen Krankheit und Tod bereits zu früh und definitiv zu häufig konfrontiert. Manche wären angesichts dieser Herausforderungen zerbrochen. Du nicht! Du hast Dich Deinem Schicksal gestellt, hast nach jeder Diagnose erneut gegen den Krebs gekämpft und dem Tod auf Deine ganz eigene und unvergleichliche Art den Mittelfinger gezeigt.
Als Du mich gebeten hast, dieses Nachwort zu schreiben, war ich mir zunächst nicht sicher, ob ich dieser Aufgabe gerecht werde und die richtigen Worte finde. Dann aber habe ich mir ein Beispiel an Dir genommen: Die Disziplin, die Kraft und auch der Humor, mit denen Du Dich den Prüfungen des Lebens stellst, kann nur Inspiration sein und Mut machen.

Und vielleicht ist es genau das, was wir als Familie, Freunde oder Bekannte eines Krebspatienten von Dir lernen können: Es ist nicht wichtig, ob wir die richtigen Worte finden. Es ist viel wichtiger, überhaupt da zu sein. Und nicht vor Angst, etwas Falsches zu sagen oder zu tun, in Sprach- und Hilflosigkeit zu verfallen und sich zurückzuziehen.

Ich kann mir gut vorstellen, dass Du mit Deinen Erlebnissen und Berichten vielen Betroffenen aus der Seele sprichst und

wünsche Dir, dass Deine Geschichte und Dein Umgang mit Deinem Schicksal ihnen Trost und Kraft gibt.
Denn es gibt sie doch: Momente des Glücks und der Freude, die den täglichen Kampf rechtfertigen. Einige dieser Augenblicke voller Lachen und Lebensfreude durfte ich als Deine Freundin mit Dir teilen. Ich freue mich auf viele weitere schöne und glückliche Momente!

Deine Freundin P.